曼谷

必游景点 · 本地体验 · 轻松出发

本书作者

奥斯汀·布什（Austin Bush）

中国地图出版社

本书特色

轻松计划行程

全方位了解目的地，
助你规划精彩行程

每日行程
专业的行程安排满足各种需求

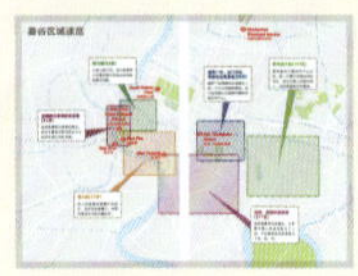

区域速览
助你快速锁定城市方位

探索曼谷

分区域介绍最佳
看点和活动

顶级景点
不可错过的精彩

了解曼谷
丰富生动的文化背景知识

生存指南

实用建议
令你上路无忧

当地交通
在本地四通八达

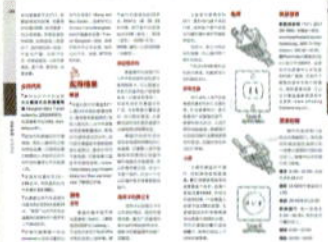

实用信息
包括住宿推荐在内的详尽贴士

特别呈现

作者的优选内容
让旅行体验更深入

值得一游
不容错过的城市周边看点

步行游览
用双脚丈量原汁原味的城市

通过下列符号找到该区域的最佳选择:

景点和活动

就餐

饮品

娱乐

购物

下列符号所代表的都是重要信息:

电话号码	适合家庭
营业时间	允许携带宠物
停车场	巴士
禁止吸烟	轮渡
上网	地铁
无线网络	地铁
素食菜品	有轨电车
英语菜单	火车

地图标识助你快速找到需要的信息:

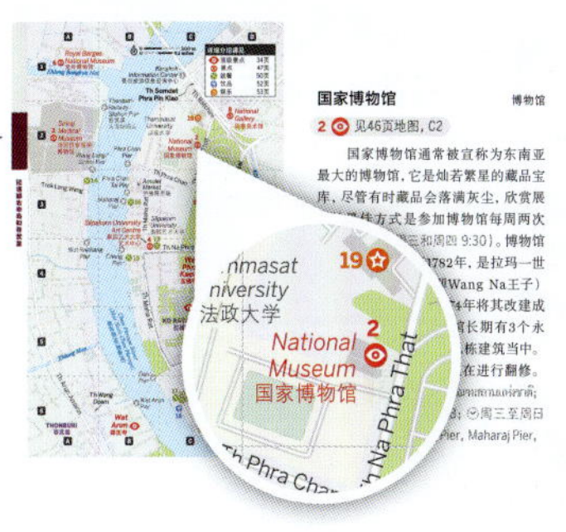

Lonely Planet《曼谷》

Lonely Planet口袋指南专为希望轻松深入目的地的你而精心打造。

在书中,你会找到曼谷所有的必游景点,独家的建议也会让你的旅程更加难忘。我们将曼谷划分成几个合理的区域,并通过清晰的地图让你便捷地找到所有地点。我们的资深作者通过实地调研,为你呈现出本地精华所在,例如徒步、美食、夜生活和购物。若你还想探索更多,我们的"步行游览"路线提供了详尽的地图指引,助你零距离感受原汁原味的曼谷。

另外,书中的各类实用信息也能令你的旅程更加轻松顺利。短途的游览路线、当地交通,甚至在漫长而疲惫的一日游览过后需要给你的服务生多少小费,在这本小书中均有提及。

Lonely Planet《曼谷》将是你在旅途中获得美妙体验的保证。

我们的承诺

我们的工作就是让你拥有完美旅程。在写作每一版指南之前,孤独星球的作者都会实地考察、亲身体验。请放心,我们一贯实事求是,从不接受他人馈赠而为之宣传。

目录

轻松计划行程

郑王寺（见42页）
ARINCHAWIT JIT/SHUTTERSTOCK ©

探索曼谷 31

生存指南 165

特别呈现

值得一游

步行游览

欢迎来曼谷

几十年来，曼谷一直被看作去泰国各岛的一个中转站，但如今的曼谷更是一个货真价实的旅行目的地。还有哪座城市能像这里一样提供给你无拘无束吃喝的好地方？更不用说那些依然保持着旧日粗粝的质感且充满魅力和个性的曼谷老街区了。

供奉玉佛的寺庙，玉佛寺（见34页）
MIKI STUDIO/SHUTTERSTOCK ©

顶级景点

吉姆·汤普森故居

曼谷最著名的名人故居。**见96页**

ARTAPARTMENT/SHUTTERSTOCK ©

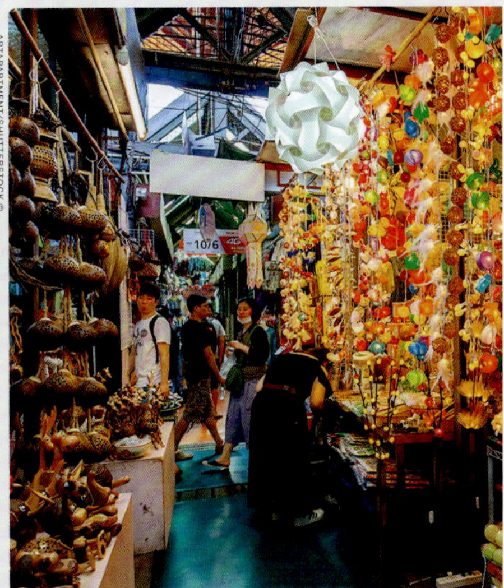

加都加周末市场

全曼谷最令人难忘的市场。**见156页**

玉佛寺和大皇宫

神圣的世外桃源。**见34页**

PRASIT CHANSAREEKORN/GETTY IMAGES ©

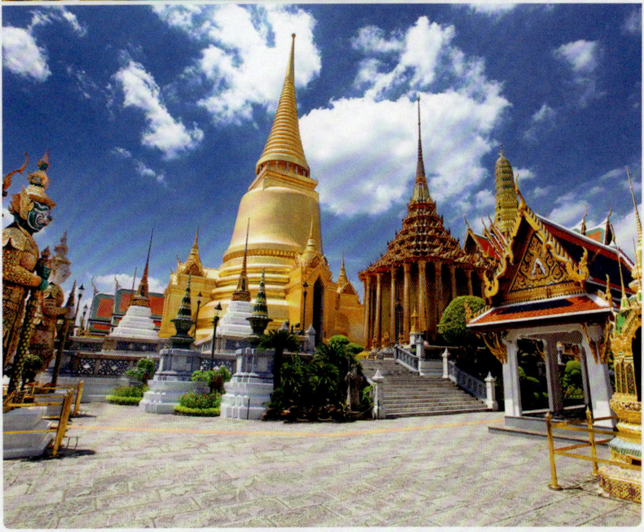

郑王寺

曼谷最著名的河畔寺庙。**见42页**

NOOMNA NAKHONPHANOM/SHUTTERSTOCK ©

最左: E X P O S E/SHUTTERSTOCK ©; 左: COWARDLION/SHUTTERSTOCK ©

金佛寺

一睹金佛风采。**见78页**

大城

古泰国一日游。**见162页**

都实宫公园

曼谷的童话宫殿。见74页

柯叻岛

曼谷的海岛假日。见160页

左：NATTAPON JUIJAIYEN/SHUTTERSTOCK ©；右：MR.B-KING/SHUTTERSTOCK ©

MOAI99/GETTY IMAGES ©

卧佛寺

曼谷最大的卧佛。见38页

就 餐

曼谷人对食物的感情无人能比。对于外人来说，曼谷人活着似乎就为了工作间隙这一连串的餐点和零食，而非为了生存而吃。不妨调适心态融入这里，你将经历一趟大饱口福之旅。

街头小吃

在泰国，露天市场和美食小摊可是最流行的餐饮场所之一。早上，繁忙的通勤车站内会冒出一个个卖咖啡和中式油果子的摊贩。到了午饭时间，食客可能会找个塑料椅子坐下，吃着一份简单的小炒。在曼谷的郊区，城镇中心总会开放美食林立并堆满金属桌椅的夜市。

高级餐厅

多数人提到曼谷只想到街头美食，不过这个城市的餐饮行业正变得越来越多样化。高级餐饮从法国菜到泰国菜应有尽有，还包括一些融合菜式。最棒的是，这里是泰国，所以这里的高级餐厅不像西方那样压抑。

世界美食

当代曼谷的菜单上能列出的菜可远远不止泰国菜；如果你有一两顿不想吃米饭，大可以去吃韩国菜或者埃及菜，或者这两种菜以外的任何国家的美食。

最佳街头美食

Jay Fai 这里可以吃到全市最传奇也是最贵的面条。（见64页）

Pa Aew 一个主打曼谷式美食的摊子。（见50页）

Thanon Phadungdao Seafood Stalls 这些小摊有多“街头”呢？在这里就餐你可能需要冒着被车撞的风险。（见87页）

Khun Yah Cuisine 地理位置便利，可以品尝到曼谷和泰国中部菜肴的风味。（见86页）

最佳高级餐厅

nahm 普遍认为是东南亚最好的餐厅。（见123页）

Eat Me 不拘一格、古灵精怪的现代餐厅，服务棒极了。（见123页）

Appia 上档次却不失温馨的意大利菜。（见143页）

Sra Bua by Kiin Kiin 位于

DESIGN PICS/RAY LASKOWITZ/GETTY IMAGES ©

一片现代且设计感十足的场地，这里的泰国菜，无论食材还是色香味均被提升到了一个新档次。（见106页）

Le Normandie 穿上正装，来这里体验高端的老派欧洲大餐。（见126页）

Shoshana 30多年来，这家挤满背包客的餐馆一直传播着来自耶路撒冷的美味。（见64页）

鼎泰丰 如果想吃中式“汤”包——小笼包，来这家著名的连锁店是不会错的。（见103页）

Chennai Kitchen 这里有曼谷最棒的南印度菜。（见124页）

Nasir Al-Masri 位于曼谷穆斯林聚居区的中心，供应正宗的中东菜。（见144页）

最佳国际美食

Jidori Cuisine Ken 完美的日式鸡肉串。（见143页）

Tonkin-Annam 在曼谷能吃到的最棒的越南菜。（见50页）

Fou de Joie 风格复古的法国菜。（见86页）

美食网站

可以通过关注**BK**（bk.asia-city.com/restaurants）或**Bangkok 101**（www. bangkok101.com）的餐厅（Restaurants）部分获得日新月异的曼谷餐饮的第一手资料。

购物

准备好你的信用卡、亮出你的泰铢：在曼谷购物可是大事。这座城市几乎每个街角都有小贩、便利店和临时摊位。不止如此，曼谷还拥有世界上最大的户外市场之一，以及东南亚第二大的购物商场。

购物中心和市场

尽管旅游小册子上都推崇高档商场，不过相比新加坡和香港，曼谷在这方面还稍逊一筹。要买到最实惠、最原创的东西得去露天市场。

砍价

在曼谷的市场和部分商场中，几乎所有东西都有讨价还价的余地。总的来说，如果你看到一个东西有价格标签，那就说明这个东西的价格是定下来的，没法砍价。

宝石和首饰

有数不清的游客陷入宝石骗局，这些骗子假装成好心的陌生人，将游客带到一家店里，用花言巧语哄骗你买下大把珠宝，还忽悠你如果将这里的宝石带回国转售，能有100%的利润。这些行家骗子看上去都诚实可信，他还会告诉你，你需要一个当地人来帮忙绕过严格的海关规定。结局可想而知，所谓的宝石根本不是你想的那样，大多数旅客最终只能买回一堆毫无价值的破玻璃。

最佳市场

加都加周末市场 这是世界上最大的市场之一，也是曼谷体验必不可少的一部分。（见156页）

考山路市场 印着大象的裤子、胜狮啤酒的T恤、鲜榨的橙汁，背包客想要的东西都能在这里找到。（见72页）

派克隆花市 这里是曼谷著名的花市；等晚上再来这里，别忘了带照相机。（见85页）

塔拉迈 这座忙碌的菜市场仿佛是曼谷的“小中国”。（见84页）

最佳传统纪念品

Heritage Craft 可以买到从全国各处搜集来的独特的物品。（见73页）

Lofty Bamboo 贩卖纺织品和手工艺品，其灵感来自山地部落。（见73页）

NENG TIEO/SHUTTERSTOCK ©

Tamnan Mingmuang 出售由藤条和水葫芦编织成的别致物品。（见133页）

最佳另类纪念品

The Selected 精心陈列的现代家居用品、小摆设、服装和配饰，基本都是泰国制造。（见110页）

Mowaan 可以买到泰国草药制成的含片、药物吸入器、精油和唇膏。（见73页）

it' s going green 可以买到一些复古的泰式家居用品、肥皂和其他独一无二的纪念品。（见110页）

Objects of Desire Store 以设计为卖点的当代陶瓷、纸制品、家具和其他家居用品。（见110页）

Chiang Heng 由家庭经营了三代的厨房用品商店。（见133页）

最佳商场

Siam Discovery 最近重新翻修过，这里毫无疑问是全市最有设计感的商场。（见109页）

MBK Center 一个似乎永远不休不眠的泰国市场，位于一家商场内。（见109页）

Siam Center 这里的四楼是购买本地品牌商品的最佳去处之一。（见109页）

内行
网购贴士

Nancy Chandler' s Map of Bangkok（www.nancychandler.net）是一个多彩的线上指南，专注于发掘那些不会出现在免费旅游地图上的、稀奇古怪的购物场所。

饮品和夜生活

如果你觉得曼谷的夜生活只有“情色”，那可真是太丢脸了。如同任何国际化大都市一样，曼谷的酒吧和夜店的档次有一般的也有高端的。

鸡尾酒

蓝色神风(Blue kamikazes)鸡尾酒已经满足不了曼谷的需求了。如今越来越多的曼谷酒吧不仅能傲骄地提供各式经典鸡尾酒，还发明了很多新式鸡尾酒。

啤酒

国产啤酒依然占据了大部分市场，但是世界各地的品牌也都能在曼谷找得到(虽然不便宜)。

天台酒吧

全球所有大城市里，只有在类似曼谷等少数城市，你可能才能无拘无束地去摩天大楼屋顶上喝酒或吃饭。这些酒吧有的很廉价也有的很别致，同样，有的酒吧位于超级都会区，有的位于郊外。

现场音乐

音乐算是泰国的夜生活里一个重要的元素，几乎每个不错的酒吧都有驻场乐队。

夜店

曼谷的夜店往往会在特定的晚上——周五和周六进行狂欢，届时或有外国DJ来访，或是播放本月最潮音乐，然后每隔一晚休息一天。

最佳鸡尾酒

WTF 精心调制的经典鸡尾酒。(见146页)

Q&A Bar 可以在20世纪50年代氛围下享受精心调配的鸡尾酒。(见146页)

Ku Bar 这里不仅鸡尾酒很潮，酒吧更潮。(见68页)

最佳天台酒吧

Moon Bar 亲民的氛围和令人惊叹的景色相结合，使得这里成为我们最爱的曼谷特色天台酒吧。(见127页)

River Vibe 廉价客栈的价格，换来千金难买的景色。(见90页)

Sky Bar 好莱坞风格的台阶与看似悬空的吧台，为这座天台酒吧定下了基调。(见128页)

SHANTI HESSE/SHUTTERSTOCK ©

最佳夜店

Beam 此处是截至本书出版为止，曼谷最棒的夜店。（见149页）

Glow 这家夜店在地下夜店里声望颇高。（见150页）

Demo 曼谷的弄潮儿都来这儿。（见150页）

The Club 在这个位于考山路的夜店，你几乎能在舞池里看到全世界各国的人。（见69页）

最佳现场音乐

Titanium 夜间会有Unicorn乐队为大家表演，这支全女子乐队一定会让你蹦跶起来。（见151页）

Brick Bar 现场音乐大本营，在当地人之间很出名，这些人几乎都在桌子上跳舞。（见71页）

The Living Room 正如名字（客厅）所示，这里是一个可以舒适地欣赏爵士现场的好去处。（见151页）

最佳啤酒

Hair of the Dog 冰箱里有来自世界各国的瓶装啤酒，还有13个现打酒头。（见106页）

Pijiu Bar 这里有精酿啤酒和受唐人街影响的熟食拼盘。（见89页）

Mikkeller 这里有全市最独一无二的精酿啤酒。（见147页）

曼谷夜生活指南

若想知道当下都有什么活动，可以查阅**BK**（bk.asia-city.com）、**Bangkok 101**（www.bangkok101.com）、*Bangkok Post*周五的副刊*Guru*或者**Siam2nite**（www.siam2nite.com）。

寺庙

一座泰国的寺庙是由不同建筑物组成的建筑群，这些建筑物各有其宗教作用。即使你不信神灵，曼谷的寺庙也能为你带来艺术灵感和城市探索的乐趣。

IPHOTO-THAILAND/SHUTTERSTOCK ©

泰国建筑

泰国建筑被认为是泰国社会最高超的艺术形式，传统的泰国寺庙建筑会遵循相对严格的规则，这套规则规定了建筑的比例、位置、材料和装饰。除了本土的暹罗建筑风格，在曼谷的寺庙内还能找到高棉、孟族、老挝和泰国北部传统建筑的影子。

佛像

曼谷的每座寺庙内都有一尊佛像，其中很大一部分是根据公元3世纪佛教艺术经文中严格的佛像规定雕刻的。佛像有四种基本姿态：站、坐、行、卧。

最佳寺庙

卧佛寺 没看过这尊巨大的卧佛，就等于没来过曼谷。（见38页）

玉佛寺 这里是曼谷群寺的始祖，庙里供奉一座玉佛。（见34页）

苏泰寺 这里有泰国最大的佛像之一，还有同样令人难忘的从地板到天花板那么高的寺庙壁画。（见60页）

金佛寺 寺里有世界上最大的金佛。（见78页）

郑王寺 这里是曼谷的前身，也是少数允许攀登的泰国寺庙之一。（见42页）

金山和金山寺 寺庙位于山顶，可以俯瞰曼谷老城区的美景。（见60页）

龙莲寺 络绎不绝、香火不断、喧嚣不停的中式寺庙的缩影。（见84页）

烹饪课程

AUSTIN BUSH/LONELY PLANET ©

吃归吃，但是想象一下，你要是回家后能为你的朋友露两手、把你在这里吃到过的美食做出来，那得多有面子。泰式烹饪学校已经逐渐成为很多人泰国行的必游之处，对一些游客来说，这甚至是他们行程的一大亮点。

最佳烹饪课程

Amita Thai Cooking Class（☎02 466 8966；www.amitathaicooking.com；162/17 Soi 14, Th Wutthakat, Thonburi；课程 3000B；⏲周四至周二 9:30~13:00；⛴从Maharaj Pier搭乘运河渡船）这个位于吞武里运河边上的屋子里开设着曼谷最有魅力的烹饪课程之一。

Cooking with Poo & Friends（☎080 434 8686；www.cookingwithpoo.com；课程 1500B；⏲8:30~13:00；👪）由曼谷本地人开设的热门课程（见143页）。

Bangkok Bold Cooking Studio（☎098 829 4310；www.facebook.com/bangkokboldcookingstudio；503 Th Phra Sumen；课程2500~4500B；⏲11:00~14:00；⛴搭乘运河渡船到Phanfa Leelard Pier）每日都有授课，有三种泰式菜肴可供选择，难度从初级到中级都有，在别致的店屋中上课。

Silom Thai Cooking School（☎084 726 5669；www.bangkokthaicooking.com；68 Soi 13, Th Silom；课程900B起；⏲9:00~12:20，13:40~17:00和18:00~21:00；S Chong Nonsi 3号出口）虽然设施很基础，不过老师会带你去当地市场采购，在4小时内传授六道菜，让你每一分钱都花到刀刃上。

Blue Elephant Thai Cooking School（☎02 673 9353；www.blueelephantcookingschool.com；233 Th Sathon Tai/South；课程3295B起；⏲周一至周六 8:45~13:00和13:30~16:30；S Surasak 2号出口）这里是曼谷最有名的泰式烹饪学校，每天两节课。上午的课程有市场参观，下午的课程包括详细的泰国食材介绍。

按摩和水疗

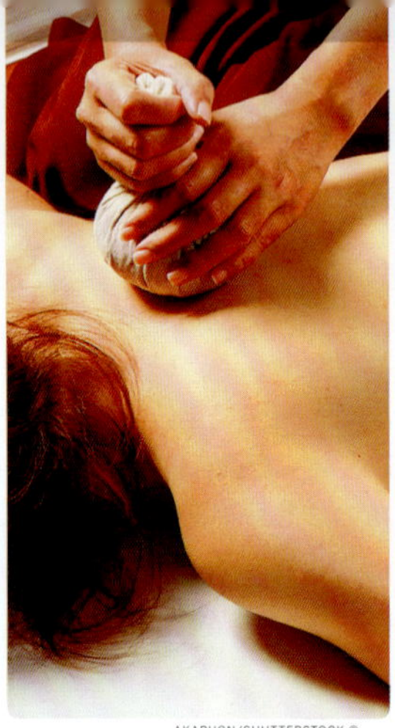

AKAPHON/SHUTTERSTOCK ©

曼谷完全可以大声宣称自己是世界按摩之都。根据泰国传统医学的教导，药草和按摩不仅仅是一个令人放松的借口，更是常规保健和美容疗法的一部分，很多来曼谷的游客听了这话心里都乐开了花。

最佳泰式按摩

Health Land（☎02 637 8883；www.healthlandspa.com；120 Th Sathon Neua/North；2小时按摩550B；⏲9:00~23:00；S Surasak 3号出口）非常超值，位于一个干净且现代场所内的传统泰式按摩院。

Asia Herb Association（☎02 392 3631；www.asiaherbassociation.com；58/19-25 Soi 55/Thong Lor, Th Sukhumvit；1小时泰式按摩500B，药草热敷按摩1.5小时 1100B；⏲9:00至午夜；S Thong Lo 3号出口）这里主打泰式药草热敷按摩。

Ruen-Nuad Massage Studio（☎02 632 2662；42 Th Convent；每小时按摩 350B；⏲10:00~21:00；M Si Lom 2号出口，S Sala Daeng 2号出口）由居所改造而成的迷人按摩工作室。

最佳水疗

Oriental Spa（☎02 659 9000；www.mandarinoriental.com；Mandarin Oriental, 48 Soi 40/Oriental, Th Charoen Krung；按摩与水疗套餐 2900B起；⏲9:00~22:00；⛴Oriental Pier或者从Sathon/Central Pier搭乘酒店摆渡船）这里是全曼谷乃至全亚洲最受赞誉的水疗馆之一，虽然价格不菲。

Spa 1930（☎02 254 8606；www.spa1930.com；42 Th Ton Son；泰式按摩1000B起，水疗套餐 3500B起；⏲9:30~21:30；S Chit Lom 4号出口）这家舒适的水疗馆位于一间老宅内。

Thann Sanctuary[☎02 658 6557；www.thannsanctuaryspa.info；3楼（2nd fl），Central World, Th Ratchadamri；泰式按摩2000B起，水疗2800B起；⏲10:00~21:00；S Chit Lom出口9到Sky Walk, Siam出口6到Sky Walk]这家别致的水疗中心开在一个商场内，店里使用同名品牌的芳香草药产品。

带孩子旅行

KOKTARO/SHUTTERSTOCK ©

曼谷没有很多可以直接吸引小朋友的景点，但当地人很乐意照看你的孩子。这意味着几乎任何地方都欢迎孩子们，同时你也能避免很多不必要的麻烦。

婴儿

随处都能买到尿布、国际品牌的奶粉和其他婴儿的必需品。如果是步行，吊绳比婴儿车更实用，因为曼谷的步行街是出了名的不平。

带孩子就餐

在泰国带孩子就餐，尤其是带婴儿就餐，你会感到久违的放松。不用担心，餐厅服务员很会应付孩子，还会和孩子一起玩耍。值得注意的是，除了在昂贵的餐厅，你很难找到儿童餐椅。

最佳带孩子旅行体验

KidZania[☎02 683 1888; www.bangkok.kidzania.com; 6楼（5th fl），Siam Paragon, 991/1 Rama I; 成人 425~500B，儿童 425~1000B; ⏲周一至周五 10:00~17:00，周六至周日 10:30~20:00; Ⓢ Siam 出口3和5]这栋寓教于乐的综合大楼又大又现代。

蓝毗尼公园（Lumphini Park, สวนลุมพินี; 紧邻Th Sarasin, Rama IV, Th Witthayu/Wireless Rd & Th Ratchadamri; ⏲4:30~21:00; 🚻; Ⓜ Lumphini 出口3, Si Lom 出口1, Ⓢ Sala Daeng 出口3, Ratchadamri 出口2）可以来这里放风筝（2月至4月）、划船和喂鱼。

绍瓦巴皇后毒蛇研究所（สถานเสาวภา; Rama IV & Th Henri Dunant交叉路口; 成人/儿童 200/50B; ⏲周一至周五 9:30~15:30，周六、日 至13:00; 🚻; Ⓜ Si Lom 出口1, Ⓢ Sala Daeng 出口3）生产抗毒血清的蛇场。（见121页）

暹罗博物馆（Museum of Siam, สถาบันพิพิธภัณฑ์การเรียนรู้แห่งชาติ; www.museumsiam.org; Th Maha Rat; 300B; ⏲周二至周日 10:00~18:00; 🚻; ⛴Tien Pier）这里有很多可互动展品能吸引小孩。

Stanley MiniVenture[www.stanleyminiventure.com; 3楼（2nd fl），Gateway Ekamai, 982/22 Th Sukhumvit; 成人/儿童 500/400B; ⏲10:00~20:00]一座微观城镇。

团队游

JELLY_CHANONKIJ/SHUTTERSTOCK ©

曼谷是一个又大又可怕的地方，有的游客可能更喜欢团队游那种手把手带你玩的游览方式。即便你对周边很熟，由私人导游带队的主题团队游或自行车团队游也是发现这座城市另一面的好方法。

最佳团队游

Bangkok Food Tours（☎095 943 9222；www.bangkokfoodtours.com；团队游 1150B起）漫步于曼谷老街区的美食之旅。

Co van Kessel Bangkok Tours（☎02 639 7351；www.covankessel.com；1楼，ground fl, River City, 23 Th Yotha；团队游 950B起；⏰6:00~19:00；⛴River City Pier）在市内组织各式主题的单车团队游和步行游览。

Pandan Tour（☎02 689 1232，087 109 8873；www.thaicanaltour.com；团队游 2395B起）搭乘小船的曼谷运河团队游。

ABC Amazing Bangkok Cyclists（☎081 812 9641；www.realasia.net；10/5-7 Soi Aree, Soi 26, Th Sukhumvit；团队游 1300B起；⏰每日团队游于8:00、10:00、13:00和18:00开始；👪；Ⓢ Phrom Phong出口4）这家经营已久的机构在曼谷及市郊组织上午、下午和全天的自行车游。

Tour with Tong（☎081 835 0240；团队游 1000B起）靠谱的导游提供曼谷及周边的私人团队游。

Chili Paste Tours（☎085 143 6779，094 552 2361；www.foodtoursbangkok.com；团队游 2000B起）曼谷老街区的美食之旅。

Thai Private Tour Guide（☎082 799 1099；www.thaitourguide.com；团队游 2000B起）这家的导游很受好评。

Velo Thailand（☎02 628 8628，089 201 7782；www.velothailand.com；29 Soi 4, Th Samsen；团队游 1000B起；⏰10:00~19:00；⛴Phra Athit/Banglamphu Pier）早上和晚上都会有去吞武里和更远地方的团队游。

LGBT旅行者

ALEXANDER_H_SCHULZ/GETTY IMAGES ©

曼谷的LGBT氛围出了名的暧昧。从街边角落冒出的一间间男士情趣内衣店到只准女同性恋参加的聚会，你几乎不用离开这些对同性恋友好的场所，也能吃喝玩乐好几天。

女同性恋

近年来，曼谷的女同性恋变得更加开放，也更明显了。需要注意的是，也许因为泰国还是个相对保守的国家，女同性恋者一般遵循更严格的性别角色。充当男性角色的女同性恋者，被称为Tom（源于Tomboy一词，假小子的意思），通常留着短发，她们束胸，穿男性的衣服。而充当女性角色的女同性恋者被称为dêe（源于Lady一词，女士的意思）。

跨性别人士

曼谷开放的且随处可见的跨性别人群声名远扬——当地人称这些人为"人妖"（gà·teu·i，也被拼成kàthoey）。其中有异装癖者，也有做过变性手术的人，泰国是这类手术的领先国家之一。针对游客的人妖卡巴莱歌舞表演广受欢迎。

最佳LGBT场所

DJ Station 这里是亚洲最传奇的同性恋夜店之一。（见117页）

Telephone Pub 位于曼谷最桃色的区域之中，是一家悠久而不失活力的酒吧。（见117页）

Maggie Choo's 平时很平常，周日是同性恋酒吧。（见128页）

The Stranger 落落大方地上演跨性别舞台剧。（见117页）

每日行程

第一天

CHANTAL DE BRUIJNE/SHUTTERSTOCK ©

能起多早起多早，然后搭乘湄南河快船（Chao Phraya Express Boat）去Tha Chang探索拉塔那古辛岛的必去寺庙：**玉佛寺和大皇宫**（见34页）、**卧佛寺**（见38页）和**郑王寺**（见42页）。午饭时可以在**Err**（见50页）探索泰式美味。

到达是隆区后去**健康之地**（见120页）做个水疗，恢复一下精力，或者去**Ruen-Nuad Massage Studio**（见120页）按摩一下劳累的双腿。之后，在天台酒吧**Moon Bar**（见127页）来一杯鸡尾酒，从一个全新的角度看看曼谷。

至于晚饭，**nahm**（见123页）供应曼谷最好的泰式美食。如果你还有精力，可以去**DJ Station**（见117页）或曼谷同性恋区的任何酒吧和夜店（见117页）逛逛。

第二天

COWARDLION/SHUTTERSTOCK ©

搭乘BTS轻轨（Skytrain）去国家体育馆，今天第一件事就是去参观一下热门且值得一去的的**吉姆·汤普森故居**（见96页），之后去看看**曼谷艺术和文化中心**（见100页）。

隔壁**MBK Food Island**（见103页）的泰国菜很适合没怎么接触过泰餐的人，吃过饭后，步行穿过曼谷超现代化的商业区，在相连的购物中心**MBK Center**（见109页）、**Siam Center**（见109页）和**暹罗广场**（Siam Square，见109页）逛逛。一定要在**四面佛**（见102页）处祈祷以求好运。

在**Saneh Jaan**（见104页）享用精致的泰式菜肴。如果是工作日或周日，可以考虑在**Rajadamnern Stadium**（见71页）观看泰拳比赛。

第三天

AUSTIN BUSH/LONELY PLANET ©

先去**Amita Thai Cooking Class**（见19页），这里既能学到烹饪技术，还能顺便游运河。过河后，把整个下午都用来参观**金山**（见60页）、**苏泰寺**（见60页）、工匠之村**僧钵村**（见62页），或者一个叫作**Thanon Bamrung Meuang**（见73页）的奇妙的宗教用品市场。然后在著名的背包客大熔炉——**考山路**（见63页）度过下午，去**考山路市场**（见72页）打望人群，买一些纪念品。

到了晚餐时间，前往素坤逸大街，在这一带找家不错的餐厅吃顿泰餐休息一下，如**Jidori Cuisine Ken**（见143页）。然后在一个舒适的地方，比如**WTF**（见146页），来一杯泰国主题的鸡尾酒结束你的夜晚，或者熬夜去拜访一下**Beam**（见149页）等夜店。

第四天

VASSAMON ANANSUKKASEM/SHUTTERSTOCK ©

如果这天是周末，可以考虑花半天时间去**加都加周末市场**（见156页）购物，这里同样有便宜且美味的食品摊，而且看似永无止境。如果不是周末，可以花半天时间出城远足，去人工岛**柯叻岛**（见160页），或者**大城**（见162页）一日游。

从市场归来（或远足归来）后好好休息一下。到了下午相对凉快一点的时候搭乘地铁去唐人街，拜访一下供奉金佛的寺庙——**金佛寺**（见78页）。然后按照本书唐人街美食的步行游览路线（见80页）走一圈。

穿过邦兰普，晚上去**Ku Bar**（见68页）品尝精致的鸡尾酒，然后在**Brick Bar**（见71页）欣赏喧闹的现场音乐表演。

行前参考

更多信息，见165页生存指南。

语言
泰语

货币
泰铢(B)；1元人民币≈4.75泰铢

签证
中国公民可申请有效期15天的落地签，也可以行前在泰国驻华使领馆办理最多60天的旅游签证。

现金
大多数地方只收现金。ATM随处可见，不过会收200B外汇处理费。ATM、高端的酒店、餐厅和商店普遍接受银联卡消费。部分商超和连锁便利店可以使用支付宝或微信支付。

手机
SIM卡不贵，使用GSM网络和4G网络。

时间
曼谷（GMT/UTC 加7小时），比北京时间晚1个小时。

小费
在泰国，总的来说不用付小费，但在接受高档酒店的行李服务、按摩店的按摩服务后，建议给一些小费。

每日预算

经济：低于1500B
宿舍床位/客栈基本间：150~800B

街头食品摊：150~300B

一两个热门景点：500~600B

靠公共交通出行：20~100B

中档：1500~4000B
高档客栈或者中档酒店房间：800~1500B

街头和餐馆的饭菜：500~1000B

绝大多数大的景点：500~1000B

靠公共交通出行，偶尔乘坐出租车：100~300B

高档：4000B以上
精品酒店房间：4000B

高级餐厅：1500~3000B

私人定制游：1000B起

靠出租车出行：300~800B

提前计划
3个月前 预订小型精品酒店的客房，尤其是当你想在12月/1月来访时。

1个月前 在广受好评的餐厅nahm（见123页）预订座位；如果你想在泰国待超过30天，请去国内的泰国使领馆申请签证。

1周前 找家泰式烹饪学校预定课程。

抵达曼谷后

大多数游客乘坐飞机来曼谷。

素万那普国际机场

位于曼谷市中心以东大概30分钟车程。

火车 机场快轨(Airport Rail Link)往返于Phaya Thai火车站和素万那普国际机场，6:00~24:00，45B。

公共汽车 素万那普国际机场到考山路，6:00~20:00，60B。

打表出租车 24小时运行，200~300B，外加50B的机场额外收费，有时会有高速公路过路费。

廊曼国际机场

位于曼谷市中心以北大约1小时车程。

公共汽车 7:30~23:30每半小时1班，50B。

打表出租车 24小时运行，大约200B，外加50B的机场额外收费。

当地交通

曼谷的交通系统正在日益进步，尽管有时候依然拥堵，但是堵车已经不像过去那么夸张了。

轻轨(BTS)

高架轻轨Skytrain从早上6:00运营到午夜。车票16~44B。

地铁(MRT)

地铁从早上6:00运营到午夜。车票16~42B。

出租车

除了高峰期，曼谷的出租车非常便宜。起步价35B。

湄南河快船

(Chao Phraya Express Boat)

从6:00运营至20:00，收费10~40B。

运河渡船(Klorng Boat)

曼谷的运河渡船几乎每天从早上5:30运营至20:00，船票9~19B。

公共汽车

便宜，但是这种交通方式在曼谷又慢又让人困惑。车票5~30B。

SAIKO3P/SHUTTERSTOCK ©

曼谷区域速览

邦兰普(55页)
与考山路不同，邦兰普呈现出古董店铺与寺庙丛生的经典曼谷面貌。

Dusit Palace Park
都实宫公园

Wat Phra Kaew & Grand Palace
玉佛寺和大皇宫

拉塔那古辛岛和吞武里(33页)
这里是最吸引游客的地区。在位于曼谷河畔的历史中心内还有国王的纪念碑。

Wat Pho
卧佛寺

Wat Arun
郑王寺

Wat Traimit
金佛寺

唐人街(77页)
唐人街是曼谷最繁忙的街区，这里有鱼翅餐厅、艳丽的黄金和闪烁的霓虹灯。

Chatuchak Weekend Market
加都加周末市场

素坤逸大街(137页)

素坤逸位于曼谷市中心以东，是一片繁忙的商业和住宅区，无论当地人还是外国人，这里都是他们的最爱。

暹罗广场、水门市场、奔集和拉差里威(95页)

暹罗广场周围的区域基本上是一个个巨大的购物商场，如今这里被认为是现代曼谷的非官方中心。

Jim Thompson House
吉姆·汤普森故居

河畔、是隆和蓝毗尼(115页)

这里是曼谷的金融区，大多数当地人来这里是为了上班，不过你来这里更多是为了吃、玩、住。

探索
曼谷

值得一游

曼谷步行游览

四面佛前的舞者（见102页） BOGOSHIPDA/SHUTTERSTOCK ©

拉塔那古辛岛和吞武里

(Ko Ratanakosin & Thonburi)

人工岛拉塔那古辛岛是曼谷的诞生地，而且到处都是景点。如果你是为了这里的景色，那可得早点儿来，趁着温度还能忍受，拉客的商贩也还少。这里的夜晚最上镜，尤其是郑王寺经典的日落。相比之下，位于湄南河(Mae Nam Chao Phraya)对面的吞武里则是个看似被遗忘却值得一游的区域，这里由运河相连的一片片昏昏欲睡的住宅区所组成。

不要错过玉佛寺和大皇宫(见34页)，然后去卧佛寺感受一下巨大的卧佛(见38页)。如果你想长长见识，可以去暹罗博物馆(见47页)仔细看看那里的展品。到了傍晚，过河去郑王寺(见42页)。回到拉塔那古辛岛后，赶在晚饭之前可以去Roof(见52页)就着夕阳来一杯鸡尾酒，然后去河畔的餐厅Sala Rattanakosin Eatery & Bar(见52页)吃顿晚饭。

到达和当地交通

拉塔那古辛岛可能是曼谷游客最多的街区了。只要你登上任何船票价格为3B的渡船都能去吞武里，那里当地人的生活方式还没有被干扰。

乘坐**湄南河快船**(Chao Phraya Express Boat)去拉塔那古辛岛的码头有：Tien Pier、Chang Pier、Maharaj Pier和Phra Chan Tai Pier。去吞武里的码头有：Wang Lang/Siriraj Pier、Thonburi Railway Station Pier和Phra Pin Klao Bridge Pier。

乘坐**BTS轻轨**去拉塔那古辛岛的车站：National Stadium或Phaya Thai。去吞武里：Krung Thonburi和Wongwian Yai。

区域地图见46页

玉佛寺和大皇宫(见34页) TRAVEL MANIA/SHUTTERSTOCK ©

顶级景点

玉佛寺和大皇宫（Wat Phra Kaew & Grand Palace）

玉佛寺是这个童话般大型建筑群的通俗叫法。坐落在同一片土地上的还有昔日泰国君王的故居——大皇宫。这里从1782年，也就是曼谷成为首都的第一年开始供奉神明，现已成为曼谷最大的观光胜地，也是虔诚的佛教徒和民族主义者的朝拜圣地。

见46页地图，C4

วัดพระแก้ว, พระบรมมหาราชวัง

Th Na Phra Lan

门票 500B

8:30~15:30

Chang Pier、Maharaj Pier、Phra Chan Tai Pier

玉佛（The Emerald Buddha）

玉佛是这座寺庙的主要看点，静静地坐在装饰华丽的宝殿高台上。这内内外外豪华的装饰能让头一次来的游客眼花到忘了拜佛。玉佛只有66厘米高，而且位于主寺的一个比人还高的台子上，以至于镀金的佛龛都比里面的佛像更夺目。如名字所示，这尊佛像是由一整块软玉（nephrite，玉的一种）雕刻而成。

没人知道这尊佛像的来历，是谁雕刻的。不过根据史料记载这尊佛像首次出现在15世纪泰国北部的清莱。从风格来看，似乎符合13~14世纪时的泰国艺术风格。

这座宝殿颇有大城遗风，还结合了来自中国和西方现代风格，算是拉塔那古辛岛建筑学派值得一提的典范之作。

拉玛坚壁画（Ramakian Murals）

玉佛寺的墙壁上有最近修复的拉玛坚壁画（印度史诗罗摩衍那的泰国版本）。最早作于拉玛一世（King Phraphutthayotfa Chulalok，帕佛陀约华朱拉洛国王；1782~1809年在位）在位期间，壁画共有178面，从北门起顺时针沿着寺庙的墙壁铺陈，讲述了英雄拉玛（Rama）拯救被绑架的妻子西塔（Sita）的故事。

玉佛寺护法

你踏进玉佛寺看到的第一个景象就是两尊5米高的印度教/佛教神话生物夜叉（一种巨人或食人魔，见左图）。寺中还有其他神话中的怪物，比如半人半鸟的紧那罗（kinnaree）和圣鸟迦楼罗（garuda），同时也有各式各样的隐士和大象雕像。

藏经阁（Phra Mondop）

由拉玛一世主持建造，这栋建筑是用来保存神圣的佛教经书的。那七层屋顶、银线编成的地板还有复杂的珍珠母门板使这里成为世界上最奢华的图书馆。藏经阁内部不对外开放。

★ 独家贴士

- 从河岸码头第三个门进入寺庙，门上的标记很清楚。进了寺再买票；如果有人告诉你寺庙关门，这人要么是个珠宝贩子，要么是个骗子。
- 在玉佛寺和大皇宫内，有非常严格的着装要求。如果你穿着有点暴露，会有人带去换衣间并要求你换上衬衫或纱笼（免费借用，但是你需要付200B押金，押金会退还）。
- 门票包括都实宫公园（Dusit Palace Park）。

吃喝落脚点

逛完后可以在Ming Lee（见51页）享用午餐，这是一家迷人的老式泰国餐厅，与建筑群的主入口几乎隔街相望。又或者，在Err（见50页）享用泰国主题的鸡尾酒和火辣辣的下酒小吃。

藏经阁与旁边高棉风格的Prasat Phra Thep Bidon，以及镀金的Phra Si Ratana chedi是建筑群内最高的3栋建筑。

查克里宫(Chakri Mahaprasat)

宫殿建筑群中规模最大的要数三翼结构的查克里宫，即大皇宫宫殿。由英国建筑师设计并于1882年竣工，外观看上去混搭了意大利文艺复兴和泰国建筑，因此当地的泰国人戏称这里为“fa·ràng sài chá·dah”（穿着传统泰国舞蹈头饰的西方人）。中央的塔尖安放着查克里王朝先王的骨灰，在侧翼尖顶供奉许多未能继承王位的查克里王子的骨灰。

Amarindra Hall

原是审判大厅，这片巨大空旷的大厅曾被用来举行加冕仪式——最近一次是2017年现任国王的加冕仪式。金色的船型王座看上去虽然华丽但应该不舒适。

Borombhiman Hall

这是一座法式建筑，曾用作拉玛六世（瓦差拉兀国王，1910~1925年）的宅邸。这个宫殿同时也是拉玛八世（阿南塔·玛希敦国王；1935~1946年在位）于1946年神秘被杀的地方。1981年4月，San Chitpatima将军曾经将这里作为未遂政变的大本营。如今这里只能从铁门外远观。

杜喜宫(Dusit Hall)

拉塔那古辛风格的杜喜宫位于最西边，最初为皇室成员举办仪式所建，后来用于举行皇家葬礼。

成功的着装

曼谷多数大型旅游胜地都是神圣的场所，所以游客们要穿着适当、行为得体。在玉佛寺和大皇宫对着装的要求尤其严格，不裹严是不能进入寺庙区域的。短裤、无袖衬衫、吊带、七分裤——基本上任何露出头和胳膊以外的衣服都不行。穿着不当的人会被带到更衣室领一条纱笼后才能入内。

玉佛寺和大皇宫

Main
Entrance
主入口
Th Na Phra Lan
Ramakian
Murals
拉玛坚壁画
Phra
Mondop
藏经阁
Prasat Phra
Thep Bidon
Phra Si
Ratana
Wat Phra Kaew
玉佛寺
Yaksha
夜叉
Main Bòht/
Emerald Buddha
玉佛
Th Sanam Chai
Amarindra
Hall
Chakri
Mahaprasat
查克里宫
Borombhiman
Hall
Dusit
Hall
杜喜宫
Grand Palace
大皇宫
Th Maha Rat
Th Thai Wang
Chao Phraya River
/Mae Nam Chao Phraya
湄南河(湄南河)

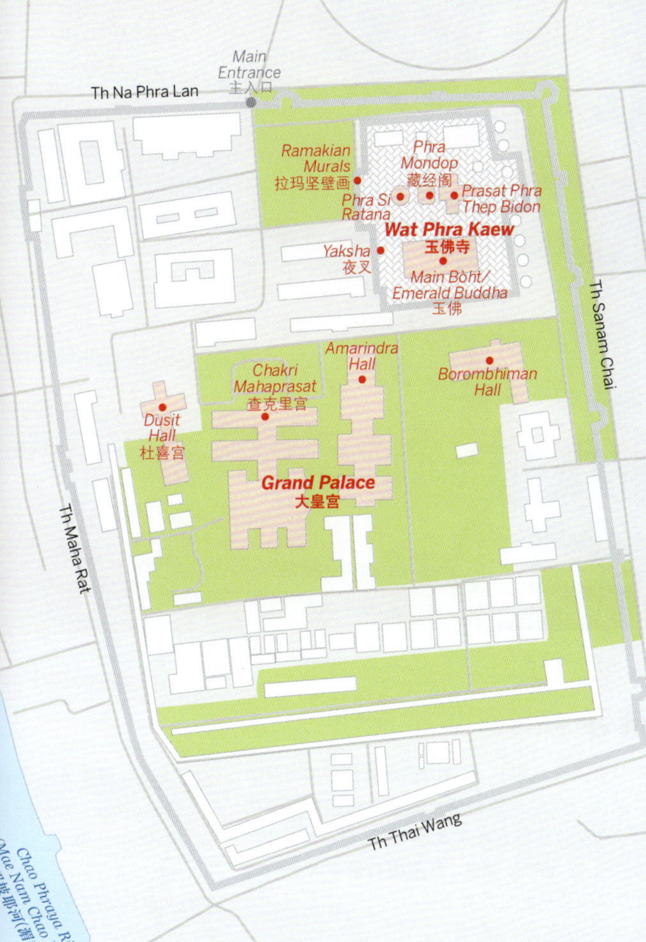

顶级景点

卧佛寺（Wat Pho）

在曼谷所有寺庙中，卧佛寺很可能是最值得拜访的，这是因为其拥有叹为观止的卧佛像和佛塔丛生的院子。这座寺庙群有着众多之“最”：曼谷最古老、最大的寺、最大的卧佛像、泰国拥有最多佛像的场所，以及泰国最早的公共教育中心。

见46页地图，C5

วัดโพธิ์/วัดพระเชตุพน

Wat Phra Chetuphon

Th Sanam Chai

门票 100B

8:30~18:30

Tien Pier

卧佛(Reclining Buddha)

位于寺庙群的wí·hăhn(圣殿)中,这尊令人叹为观止的卧佛(见左图)长46米,高15米,描绘了佛祖涅槃的场景。于1848年竣工,现在依然保持着曼谷最大卧佛像的记录,这尊佛像的外表由石膏塑成,内部是砖,周身贴满了金箔。大佛双脚有珍珠母镶嵌而成的装饰,展示了佛陀的108种不同的相。这还不算完,在雕像后面有108个铜制僧钵;你可以花20B买108枚硬币,然后把硬币放入碗中以求好运。

佛殿(Phra Ubosot)

尽管此殿是在拉玛一世在位期间修建的,并且受到了大城的建筑学派影响,但这座宝殿之所以今天依然能屹立不倒都要归功于拉玛三世时期(King Phranangklao,帕喃格劳国王;1824~1851年在位)就开始的翻修工程。在里面你能看到难忘的壁画,一个三层结构的台座上供奉着的神造佛(Phra Buddha Deva Patimakorn)的佛像,这是该寺除了卧佛外最值得一看的佛像,同样值得注意的还有拉玛一世的骨灰。

其他佛像

围绕佛殿的四座圣殿内的佛像也值得一看。西殿的成功佛(Phra Chinnarat)和南殿Phra Chinnasri的佛像尤其美丽。这两尊佛像都是拉玛一世的皇亲从素可泰那里抢救来的。这四座殿内之间还陈列着至少394尊镀金佛像,风格涵盖所有泰国传统手工艺流派,有的佛像来自华富里(Lopburi),有的来自拉塔那古辛岛。

古代浮雕

围绕佛殿(Phra Ubosot)的大理石矮墙上有125面浮雕,描绘了拉玛坚中的场景,即泰国版罗摩衍那。当你离开寺庙时,你会发现一些小贩在卖的量产型拓片上的图案很眼熟:这些图案正是基于卧佛寺浮雕用水泥拓成的。

佛殿附近以西的小亭子里有联合国教科文组织颁

★ 独家贴士

- 早点儿来,不仅能避开人群,还能赶上相对凉爽的天气。
- 不要看了卧佛就回去:卧佛寺那梦幻般甚至是迷宫般的院落也是体验的一部分,这里还有很多虽然低调却值得一看的宝贝。

✕ 吃喝落脚点

- 你最好在参观卧佛寺后吃一顿午饭,推荐Pa Aew(见50页),一家露天小摊,供应美味的泰式咖喱和炒菜。
- 如果你需要空调,可以考虑在Th Maha Rat数不清的咖啡馆里挑一家坐坐。

发的铭文，记录了传统泰式按摩的信条。铭文和其他2000片石刻涵盖了泰国传统知识的方方面面，让卧佛寺成为泰国第一所公共大学的遗产象征。

皇家佛塔（Royal Chedi）

在场地的西侧有四座贴着瓦片的佛塔朝天高耸，纪念查克里王朝的一至四世国王。请注意佛塔那棱角分明的方锥形状，这正是拉塔那古辛风格的标志，佛塔上瓦片的颜色则是在模仿佛教旗帜。中间的佛塔献给了拉玛一世，并将大城一尊16米高的佛像放在了Phra Si Sanphet Dayarn。该塔群的91座小佛塔中，有一些供奉着皇室后代的骨灰。

藏经阁（Phra Mondop）

这里也被称为hŏr đrai，用来保管佛教经书，高高的藏经阁旁有四个夜叉（即巨人）护法。传说中这四位夜叉在争吵后清理了一片区域，也就是今天的Tha Tien。在藏经阁南部有一片鳄鱼池，如今已经没有鳄鱼了。

Sala Kan Parian

这里位于寺庙群的西南角，是拉玛三世在19世纪进行Wat Pho Tharam大规模翻修扩建之前为数不多的残留建筑之一。这座建筑以大城风格建造，原本是主宝殿，供奉着寺庙建筑群的主要佛像。

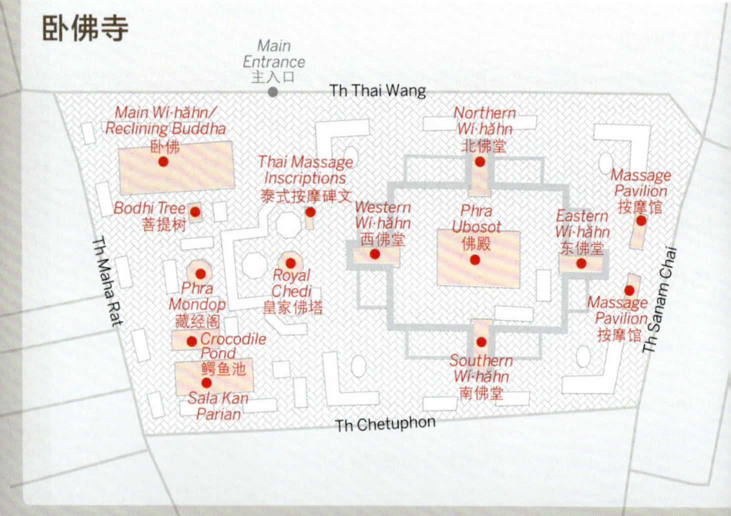

卧佛寺的花岗岩雕像

除了僧人和游客，卧佛寺还有很多石头人：用花岗岩雕刻出来的几十尊大大小小的人像。这些石像一开始是中国帆船上的压舱物，后来被送到卧佛寺（和其他寺庙，包括苏泰寺），守卫着寺庙大门和庭院的入口。仔细观察，你还能看到一行中文。这些穿着戏服、鼓着眼睛的石像被称为Lan Than，其形象受到了武士贵族的启发。戴草帽的则是农民，游客总是打扰他耕种田地。你能认出那个戴着礼帽、留着精致胡子的人是谁吗？那便是马可波罗（Marco Polo）。

院落

中式石头小花园和小丘陵，与寺庙群内贴满瓷砖的院落相映成趣，这里既有绿荫斑驳也有充满生活气息的奇异装饰。多留心假山旁瑜伽发明者Khao Mor隐士各种姿势的雕像。主圣殿以南有一颗菩提树（đôn po），是从传说中佛祖悟道时头顶那棵树剪下来的一截树枝长成的。这也是寺名Wat Pho的由来。

顶级景点

郑王寺(Wat Arun)

这个飞弹形状的寺庙位于湄南河岸，也被称为黎明寺，以印度的黎明之神(Aruna)命名，在大城王朝衰败后，达信(Taksin)国王偶然发现了这个当地小寺庙，他将这看作是一个吉兆，并把这里定为暹罗的新首都。

见46页地图，B6

วัดอรุณฯ

www.watarun.net

紧邻 Th Arun Amarin

门票 50B

8:00~18:00

从Tien Pier渡河过来

尖顶

郑王寺最大的特色就是这座82米高的Ъrahng（高棉风格的佛塔），这座塔从19世纪由拉玛二世（King Phraphutthaloetla Naphalai，帕佛陀洛罗那帕莱国王；1809~1824年在位）下令修建。从河边看很难看出这座玉米一样的高塔上装饰的各色花卉图案都是由华丽的瓷器碎片组成的，这是拉塔那古辛早期寺庙常见的装饰，当时中国的船只抵达曼谷港口，卸下了数吨作为压舱物的老旧瓷器。在调研期间，郑王寺的尖塔仍在整修中。游客可进入寺庙参观，但如同前几年，依旧不能攀登佛塔。

主宝殿（The Ordination Hall）

寺内主宝殿内的佛像据说是拉玛二世亲手设计的。殿内的壁画讲述了悉达多（Siddhartha）王子在宫外见证了生老病死后抛弃俗世生活的故事。

院落

除了中央尖塔和主宝殿外，郑王庙院内还有两座圣殿和一座藏经阁等建筑。河边有6座sǎ hlah（通常拼成sala），也就是传统上用于放松或学习的露天凉亭，但最近正越来越多被当作游船码头。

探索周边

尽管许多人搭乘长尾船来郑王寺，但是从Tien Pier（5:00~21:00）搭乘价格3B的渡轮不仅非常方便，也更有意思。过河后，可以在Thien Wang Doem漫步，这条安静的道路上有很多木头店屋，街道铺满瓷砖。

★ 独家贴士

- 拜访郑王寺必须着装合体。如果你穿着太暴露，就只好花20B（需100B押金，可退还）租一条纱笼。
- 最物有所值的方式，是等下午再来郑王寺，这时候太阳在西边，照在尖顶和背后河流的光线会很美。
- 可以在河对岸Th Maha Rat的仓库欣赏到夕阳下的寺庙，不过当地人可能会向你收取20B的“费用”。

✕ 吃喝落脚点

- 不妨在Tonkin-Annam（见50页）吃顿午饭，这家不错的越南餐馆位于河对面。
- 可以去Amorosa（见52页）欣赏日落下的寺庙，这是一家位于寺庙对面的天台酒吧。

步行游览

曼谷诞生地

曼谷大多数非去不可的旅游胜地都位于曾经的皇室区域——拉塔那古辛岛及周边。这段步行游览会将这些景点一网打尽，还外加几个相对低调的景点。为避开白天的高温和人群，最好早些出发。切记必须穿着得体才能顺利进入寺庙。如遇到那些忽悠你去景点或者商店的陌生人，请礼貌却不失坚定地拒绝。

线路信息

起点 Chang Pier

终点 郑王寺

距离 4公里；3~4小时

❶ 泰国艺术大学
（Silpakorn University）

从Chang Pier码头出发，沿着Th Na Phra Lan往东走有一条去大学的小路，这所大学是泰国**首屈一指的艺术院校**。

❷ 玉佛寺和大皇宫

接着往东走就到了鼎鼎大名的**玉佛寺和大皇宫**的大门了。（见34页）

❸ Trok Tha Wang

调头回到Th Maha Rat，然后往北走，穿过一群药草贩子和护身符商人。一旦经过了养满小猫的报摊（闻到那股特殊的气味后你便知道就是它了）就立刻左转，进入**Trok Tha Wang**，这是一条狭窄的小巷，深藏着经典的曼谷街区景致。

❹ 玛哈泰寺（Wat Mahathat）

原路返回Th Maha Rat，接着往北走。**玛哈泰寺**就在你右边，这是泰国最受尊敬的佛学院之一。

❺ 护身符市场（Amulet Market）

穿过街道，向左拐进拥挤的Trok Maha That，便会看到人头攒动的**护身符市场**（见53页）。随着你沿着河继续往北走，这些护身符小贩立刻会被食物小贩所代替。

❻ 法政大学
（Thammasat University）

随着街上黑白相间的校服逐渐变多，就说明你已经接近**法政大学**了，该大学的法律和政治科学学院很出名。

❼ 皇家田广场（Sanam Luang）

在Tha Phra Chan走出市场，穿过Th Maha Rat继续向东走，直到抵达曾经的皇家田地——**皇家田广场**。

❽ 城柱（Lak Meuang）

穿过皇家田广场后沿着Th Ratchadamnoen Nai继续往南走，便能看到**城柱**，它也是曼谷精神的象征。

❾ 卧佛寺（Wat Pho）

沿着Th Sanam Chai往南走，然后右拐至Th Thai Wang，这条路通往**卧佛寺**（见38页）的入口，这里供奉着巨大的卧佛。

❿ 郑王寺（Wat Arun）

如果你还有精力，去紧邻的Tha Tien，搭乘去**郑王寺**（见42页）的渡船，这是少数的几座允许你攀爬的佛寺。

详细介绍请见

顶级景点	34页
景点	47页
就餐	50页
饮品	52页
娱乐	53页

A B C D

1 2 3 4 5 6

0 200 m
0 0.1 miles

6 Royal Barges National Museum 龙舟博物馆

Khlong Bangkok Noi

Bangkok Information Center 曼谷旅游信息咨询中心

Th Somdet Phra Pin Klao

Th Ratchini

Thonburi Railway Station Pier 吞武里火车站码头

Thammasat University 法政大学

19

8 National Gallery 国家美术馆

3 Siriraj Medical Museum 诗丽拉吉医学博物馆

2 National Museum 国家博物馆

Phra Chan Pier

Wang Lang/Siriraj Pier

Th Na Phra That

Th Ratchadamnoen Nai

Khlong Lod

Th Phra Chan

14

Phra Chan Tai Pier

Amulet Market 护身符市场

Trok Lang Wang

Sanam Luang 皇家田广场 5

Maharaj Pier 16

Th Maha Rat

Th Atsadang

Th Ratchini

Silpakorn University 泰国艺术大学

Silpakorn University Art Centre 泰国艺术大学艺术中心 4 13

Lak Meuang 城柱 9

Th Na Phra Lan

Th Lak Meuang

Wat Rakhang Pier

Chang Pier 15

Wat Phra Kaew 玉佛寺

Th Maha Rat

Grand Palace 大皇宫

Th Sanam Chai

Saranrom Royal Garden 萨兰罗姆皇家公园 7

Chao Phraya River (Mae Nam Chao Phraya) 昭披耶河(湄南河)

KO RATANAKOSIN 拉塔那古辛岛

Khlong Mon

Th Charoen Krung

Wat Pho 卧佛寺

Tien Pier

Th Arun Amarin

Th Wang Doem

17 10 11

Wat Arun Pier

Th Maha Rat

18

Museum of Siam 暹罗博物馆 1

12

Wat Arun 郑王寺

THONBURI 吞武里

景点

暹罗博物馆

博物馆

1 见46页地图，D6

这座有趣的博物馆通过各种媒介探索泰国人民及其文化的起源。博物馆坐落在一栋曾经是泰国商业部的19世纪欧式建筑里，展品的陈列方式现代感强、扣人心弦、注重互动，这在泰国的博物馆里并不常见。展出内容清新却兼具极高的娱乐性，不同的展厅回答了一系列关于泰国及其人民来源的疑问。（Museum of Siam, สถาบันพิพิธภัณฑ์การเรียนรู้แห่งชาติ; www.museumsiam.org; Th Maha Rat; 300B; 周二至周日 10:00~18:00; ; Tien Pier）

国家博物馆

博物馆

2 见46页地图，C2

国家博物馆通常被宣称为东南亚最大的博物馆，它是灿若繁星的藏品宝库，尽管有时藏品会落满灰尘，欣赏展品的最佳方式是参加博物馆每周两次的**导览游**（周三和周四 9:30）。博物馆内的多数建筑建于1782年，是拉玛一世派驻于当地的总督（即Wang Na王子）的宫殿。拉玛五世在1874年将其改建成了博物馆。现在，博物馆长期有3个永久展览，陈列品分布在几栋建筑当中。在调研期间，部分展厅正在进行翻修。（National Museum, พิพิธภัณฑสถานแห่งชาติ; 4 Th Na Phra That; 200B; 周三至周日 9:00~16:00; Chang Pier, Maharaj Pier, Phra Chan Tai Pier）

泰国皇家战车，国家博物馆

VASSAMON ANANSUKKASEM/SHUTTERSTOCK ©

诗丽拉吉医学博物馆 博物馆

3 见46页地图，A2

这里由几家相连的博物馆组成，统称为死亡博物馆(Museum of Death)，以解剖学、病理学和法医学为主题，展品有各种肢体、凶器和犯罪现场的证据，其中包括一个被人造阴茎刺死的受害人的染血T恤。前往博物馆最方便的方式是从Chang Pier乘过河渡船到吞武里的Wang Lang/Siriraj Pier。在码头的出口右转(向北)进入诗丽拉吉医院(Siriraj Hospital)，然后跟着绿色的博物馆路标走即可。[Siriraj Medical Museum, พิพิธภัณฑ์นิติเวชศาสตร์สงกรานต์นิยมเสน; 三楼(2nd fl), Adulyadejvikrom Bldg, Siriraj Hospital; 200B; 周三至周一 10:00~16:00; Wang Lang/Siriraj Pier, Thonburi Railway Station Pier]

泰国艺术大学艺术中心 美术馆

4 见46页地图，B4

这家博物馆位于泰国首屈一指的艺术院校——泰国艺术大学(มหาวิทยาลัยศิลปากร; www.su.ac.th; 31 Th Na Phra Lan; Chang Pier, Maharaj Pier, Phra Chan Tai Pier)之内，展出教师与学生的作品。这里同时还有室外咖啡馆和艺术品商店。(Silpakorn University Art Centre, หอศิลป์มหาวิทยาลัยศิลปากร; www.facebook.com/ArtCentre.SilpakornUniversity; 免费; 周一至周五 9:00~19:00，周六 至16:00)

皇家田广场 公园

5 见46页地图，C3

在炎热的日子里，皇家田广场可没什么吸引力：一大片没有阴影的草地和水泥地被成群的鸽子和无家可归的人所包围。尽管它的外观很破旧，可是自从曼谷建成以来这里一直是举办皇家仪式的中心。(Sanam Luang, สนามหลวง; Th Na Phra That、Th Ratchadamnoen Nai和Th Na Phra Lan为界; 白天; Chang Pier, Maharaj Pier, Phra Chan Tai Pier)

龙舟博物馆 博物馆

6 见46页地图，A1

皇家龙舟是用于庆典的装饰华丽的狭长形船只。使用龙舟的传统可以追溯至大城王朝时期，当时平民百姓和皇室成员出行都是乘船。没有庆典的时候，龙舟就在这座吞武里的博物馆中展出。从Phra Pin Klao Pier乘坐摩的(让司机把你送到reu·a prá têe nâng)到这里最为方便。吞武里运河上的长尾船也可在龙舟博物馆停靠。(Royal Barges National Museum, พิพิธภัณฑสถานแห่งชาติเรือพระราชพิธี/เรือพระที่นั่ง; Khlong Bangkok Noi or 80/1 Th Arun Amarin; 门票 100B，相机 100B; 9:00~17:00; Phra Pin Klao Bridge Pier)

萨兰罗姆皇家公园 公园

7 见46页地图，D5

要是不告诉你，你准以为这里是欧洲公共花园，这片维多利亚时期的绿地原本是作为拉玛四世时期的皇家居所而设计的。1935年拉玛七世退位之后，宫殿成为泰国人民党(策划政府交接的政治组织)的总部。这片空地则被保留了下来，并于1960年向公众开放。(Saranrom Royal Garden, สวนสราญรมย์; 以Th Ratchini、Th Charoen Krung和Th Sanam Chai为界; 5:00~21:00; Tien Pier)

了解
曼谷的寺庙

曼谷有上百座寺庙。这些寺庙群是传统社区生活的中心。

建筑与结构

就算是最小的寺庙也有宝殿、圣殿和僧人的生活区。

宝殿（bòht）是寺里最神圣的祷告室，形状、大小通常和圣殿一样。除了这里不供奉主要佛像外，宝殿的装饰通常更精美，并且有8块基石来标记房间的边界。

佛塔 一个巨大的方锥形塔，通常有5层，（从下到上）分别代表了地、水、火、风、空这些元素。塔内都会供奉佛祖遗物、国王骨灰或者其他重要的物品，视寺庙情况而定。

鼓楼 典礼时会有学徒敲响鼓楼上的鼓。

藏经阁（Hŏr đrai）经书的图书馆：这个建筑用来存放佛教经书。因为这些经文以前是写在棕榈叶上的，所以藏经阁通常被盖得很高或者位于水平面之上，以防止洪水和白蚁的侵害。

Mon·dòp 一座四面开放的方形建筑，有四个拱门和一个金字塔形屋顶，用来供奉法器或者经书。

Þrahng 一个高耸的阴茎形状尖顶，起源于高棉，和佛塔的宗教作用一样。

Săh·lah（sala）凉亭，通常四面开放，用于休息、上课或者其他杂事。

圣殿[Wí·hăhn（vihara）] 寺内主要佛像的所在地，也是香客来上香的地方。这是种非常经典的建筑，通常有一个三层屋顶，代表了“三宝”：佛（佛陀）、法（教法）、僧（僧团）。

国家美术馆 美术馆

8 见46页地图，D2

国家美术馆坐落在一栋曾是拉玛五世统治时期皇家铸币厂的建筑内，馆内的永久性展品比较陈旧，覆满灰尘。世俗艺术在泰国属于比较新颖的概念，其国内的大多数艺术瑰宝都存在于创造它们的寺庙中，正如古代西方艺术品一般都在欧洲教堂之内。因此，国家美术馆内的大多数永久藏品记录了泰国对现代艺术风格的敬意。（National Gallery, พิพิธภัณฑ์สถานแห่งชาติหอศิลป์/หอศิลป์เจ้าฟ้า; www.facebook.com/thenationalgallerythailand; 4 Th Chao Fa; 200B; ⌚周三至周日 9:00~16:00; ⛴Chang Pier, Maharaj Pier, Phra Chan Tai Pier）

吞武里的泰国南部风格餐厅

吞武里的诗丽拉吉医院周边能吃到曼谷最棒的泰国南部美食，之所以南部美食能在这里扎根，是因为附近的火车站主要向南部发车。尤其是Th Wang Lang的Soi 8和Soi 13之间那一片正宗的南泰国风格的咖喱餐厅：**Dao Tai**（508/26 Th Wang Lang，无英文招牌；主菜30B起；⏲7:00~20:30；⛴Wang Lang/Siriraj Pier），**Ruam Tai**（376/4 Th Wang Lang，无英文招牌；主菜 30B起；⏲7:00~21:00；⛴Wang Lang/Siriraj Pier）和**Chawang**（375/5-6 Th Wang Lang，主菜30B起；⏲7:00~19:00；⛴Wang Lang/Siriraj Pier）。有没有菜单都无所谓，因为所有的菜都是预先做好的，咖喱、汤、炒菜、酱料都盛在碗或者托盘里，觉得哪个好吃用手指就行，要是觉得辣可别勉强自己，就算曼谷本地人也觉得南部的咖喱太辣了。

城柱 纪念碑

9 见46页地图，D4

城柱就像是曼谷的精神基石，是由拉玛一世在1782年创建新都城时竖立起来的阴茎状木柱。作为万物有灵论传统的一部分，这个城柱不仅是这座城市守护神（Phra Sayam Thewathirat）的化身，还同时具备了实际用途，即被用作城市交叉路口的地标以及测量城镇之间距离的参考点。（Lak Meuang，ศาลหลักเมือง；Th Sanam Chai和Th Lak Meuang交叉路口；⏲6:30~18:30；⛴Chang Pier, Maharaj Pier, Phra Chan Tai Pier）

就餐

Tonkin-Annam 越南菜 $$

10 见46页地图，C6

这里的装潢复古又极简，可能吃不到潮酷的各国菜肴，但Tonkin-Annam的越南菜可是全曼谷最棒的。尝尝这里美味的蛋挞和胡辣香蕉花沙拉，也可以试试别的地方吃不到的东西。（☎093 469 2969；www.facebook.com/tonkinannam；69 Soi Tha Tien；主菜 140~300B；⏲周三至周一 10:00~22:00；❄；⛴Tien Pier）

Pa Aew 泰国菜 $

11 见46页地图，C6

拉个塑料凳坐下，享用味道浓郁、海鲜为主的曼谷式美味。这里虽然是个简陋的露天咖喱摊位，但论味道，Pa Aew则是我们在这一带最喜爱的餐馆之一。这里没有英语招牌，在靠近Soi Pratu Nokyung街角的Krung Thai Bank银行的前面可以找到那一盘盘直接暴露在外的食物。（Th Maha Rat；主菜 20~60B；⏲周二至周六 10:00~17:00；⛴Tien Pier）

Err 泰国菜 $$

12 见46页地图，C6

先把你在街头见过的所有烟熏的、辛辣的、酥脆的、肉多的小吃都回忆一遍，然后想象它们同时出现在一个时髦又复古的地方，还搭配可口的泰式鸡尾酒和自家的精酿啤酒。（www.errbkk.com；紧邻Th Maha Rat；主菜 65~360B；⏲周二至周日 11:00至深夜；❄；⛴Tien Pier）

Ming Lee

泰国菜、中国菜 $

13 见46页地图，B4

这家拥有几十年历史的店屋餐厅位于玉佛寺对面，看似隐蔽其实很好找。菜单上的菜包括西餐、中餐和泰国名菜。通常18:00之前就关店了，最适合观光过后来吃午饭。这里没有英文招牌，请认准泰国艺术大学之前的那家店屋。（28-30 Th Na Phra Lan；主菜 70~100B；⏲11:30~18:00；⛴Chang Pier, Maharaj Pier, Phra Chan Tai Pier）

Wang Lang市场

泰国菜 $

14 见46页地图，A3

沿着诗丽拉吉医院往南走就能到这个市场，里面既有快餐摊位也有朴素的餐馆，可以买到面条和咖喱。到了午饭时间这里会被当地上班族所占据。（Trok Wang Lang；主菜 30~80B；⏲周一至周五 10:00~15:00；⛴Wang Lang/Siriraj Pier）

Navy Club

泰国菜 $$

15 见46页地图，B4

皇家海军协会的这家餐厅是这段湄南河上令人梦寐以求的为数不多的河滨餐厅之一。当地人来这里既为了欣赏美景也为了品尝廉价美味的海鲜小吃——显然不是为了像自助食堂一样的氛围。（77 Th Maha Rat；主菜 70~450B；⏲11:00~

运河水上市场（见52页）

22:00; ❄; ⛴Chang Pier, Maharaj Pier, Phra Chan Tai Pier)

Savoey

泰国菜 $$

16 见46页地图, B3

这家连锁餐厅(和其他分店)虽然没什么特点,但你会得到标准化的服务、河景、空调和一份还算吸引人的海鲜餐单。等晚上凉爽的时候来,好好利用河畔的露天甲板。[www.savoey.co.th; 二楼(1st fl), Maharaj Pier, Th Maha Rat; 主菜 125~1800B; ⏲10:00~22:00; ❄; ⛴Maharaj Pier, Chang Pier]

Sala Rattanakosin Eatery & Bar

泰国菜 $$$

17 见46页地图, C6

位于与高耸的郑王寺隔河相望的露天甲板上,几乎抬头就能看到郑王寺。Sala Rattanakosin酒店的招牌餐厅在选址上真是没得说。主要供应泰国中部和北部的菜肴,偶尔会有西式风味,不过食物不一定能够媲美风景。(☎02 622 1388; www.salaresorts.com/rattanakosin; Sala Rattanakosin, 39 Th Maha Rat; 主菜 240~1100B; ⏲11:00~16:30和17:30~23:00; ❄; ⛴Tien Pier)

饮品

Roof

酒吧

这家露天酒吧位于Sala Rattanakosin酒店屋顶(见17 46页地图, C6),因为可以看到夕阳下的郑王寺而身价倍增,前提是你穿得过层层自拍的游客。早点儿来能占个好座位。[6楼(5th fl), Sala Rattanakosin; ⏲周一至周四17:00至午夜,周五至周日 至次日1:00]

Amorosa

酒吧

18 见46页地图, C6

Amorosa坐落在Arun Residence顶楼,下面就是河,对面就是郑王寺,占了地理的优势。鸡尾酒虽没那么令人震撼,但看着沿着皇家河流蜿蜒而行的小船与闪闪发光的郑王寺时,这一切都在提醒你现在正身处异国。(www.arunresidence.com; 屋顶, Arun Residence, 36-38 Soi Pratu Nokyung; ⏲周一至周四

探索吞武里的运河

若想近距离看看吞武里的运河,从8:30~17:00,可以在Tha Chang和Tha Tien码头租用长尾船。探索**Khlong Bangkok Noi运河**和**Khlong Bangkok Yai运河**的行程,会经过龙舟博物馆、郑王寺和一个可以喂鱼的河边寺庙。长途一点的旅程则会去Bangkok Noi和Bangkok Yai运河之间的**Khlong Mon运河**,周末还会在Taling Chan的水上市场停留。但要注意,最常见的1小时团队游(1000B,最多8人)并没有足够的时间下船探索这些景点。若想要下船探索,你需要选择1.5小时(1300B)或2小时(1500B)的行程。

17:00至午夜，周五至周日 至次日1:00；Tien Pier）

娱乐

国家剧院

剧院

19 见46页地图，C2

国家剧院的kǒhn（根据《拉玛坚》故事改编而成的面具舞蹈戏剧）演出在每年1月至9月的每月第一和第二个周日的下午2点进行，而lá·kon（泰式舞蹈剧）演出则在每年10月至12月的每月第一和第二个周日的下午2点进行。演出前1个小时开始售票。（National Theatre；02 224 1342；2 Th Ratchini；门票 60~100B；Chang Pier, Maharaj Pier, Phra Chan Tai Pier）

护身符市场

曼谷这个奇异的**市场**（ตลาดพระเครื่องวัดมหาธาตุ；见46页地图，B3；Th Maha Rat；7:00~17:00；Chang Pier, Maharaj Pier, Phra Chan Tai Pier）占据了Th Maha Rat和Th Phra Chan边上的人行道，还有密密麻麻的室内摊位从Phra Chan Pier一直向南延伸。最方便的入口是路标清晰的Trok Maha That。这个市场主要售卖收藏家、僧侣、出租车司机和从事危险行当的人们所珍视的小护身符。

MASSAGE
AGE SCHOOL
IN & PLAZA

邦兰普

(Banglamphu)

古老的店屋，久远的寺庙，邦兰普就像是被封存在一个绿树成荫、凉风习习的街区内的老曼谷。午饭时间的邦兰普值得一游，这时正是这里绝大多数街边小摊和店铺开张的时候。要是晚上来，年轻的当地人会涌入此地寻找便宜的食物，而令这里气质大变。

一天开始，你先从金山（见60页）鸟瞰整个区域。下山后了解一下附近僧钵村（见62页）独特的当地贸易。继续步行到令人难忘但很小众的苏泰寺（见60页）。午餐时，试试经典的曼谷风格餐厅，如Krua Apsorn（见64页）。吃饱后，穿过考山路，参观一下闻名当地的繁忙街市（见72页）。晚上，可以考虑在Rajadamnern Stadium（见71页）观看泰拳比赛，也可以在Hippie de Bar（见71页）或Phra Nakorn Bar & Gallery（见70页）与当地潮人一起派对。

到达和当地交通

邦兰普和市内其他区域之间的公共交通并不那么便利。白天里，比较好的办法是从Phra Athit或Banglamphu Pier搭乘渡船。在晚上，大多数活动都以考山路为中心，可以在BTS轻轨站National Stadium或者地铁站Hua Lamphong搭乘出租车。

湄南河快船 Phra Athit/Banglamphu Pier

运河渡船 Phanfa Leelard Pier

区域地图见58页

突突车，邦兰普

步行游览

邦兰普泡吧

在邦兰普走几步就能遇到一家不错的酒吧，这里是曼谷最棒的夜店街区了，所以怎么可能只去一家酒吧呢？考虑到这一点，我们挑选了一个酒吧之旅，活动包括欣赏河畔美景，打望来往人群，聆听现场音乐和深夜找乐子。

线路信息

起点 Sheepshank；Tha Phra Athit/Banglamphu

终点 The Bank；Tha Phra Athit/Banglamphu

距离 2公里；3~6小时

❶ 河边景色

第一站先去精致的**Sheepshank**（☎02 629 5165；www.sheepshankpublichouse.com；47 Th Phra Athit；主菜320~1150B；⏰周二至周六18:00至午夜；❄），这里开着舒适的空调，是一个美食酒吧，迷人的菜单上有酒吧小吃和经典鸡尾酒，你也可以去露天酒吧**Babble & Rum**（www.nexthotels.com/hotel/riva-surya-bangkok；Riva Surya hotel，23 Th Phra Athit；⏰5:00~10:00）欣赏美景。

❷ 打望人群

穿过Soi Ram Buttri去**Gecko Bar**（Soi Chana Songkhram和Soi Ram Buttri交叉路口；⏰10:00~13:00）坐坐，这是一家便宜且低调的角落，可以注视过往的人群，或者多走几步路，去**Madame Musur**（见69页），景色相同，但是店面更精致些，可以吃到泰国北部风格的小吃。

❸ 城市海滩

在邦兰普，似乎正在微妙地流行一种海滩风，几乎就是邦兰普的夏威夷风格酒吧。如果你喜欢这种审美，可以往南去Soi Ram Buttri，在**Sawasdee House**（147 Soi Ram Buttri；⏰11:00至次日2:00）的竹饰和复活节岛石像之间来一杯水果鸡尾酒，或者去南边Th Chakraphatdi Phong的Macaroni Club（36 Th Rambuttri；⏰24小时）坐坐。

❹ 现场音乐

如果你没有跟着滥俗的翻唱合唱一次，那你这次酒吧之旅是不完整的（你要来了曼谷没听过一次现场版的“加州旅馆”，等于白来），往北走到Th Chakraphatdi Phong，去悠久的布鲁斯酒吧**Ad Here the 13th**（见71页）坐坐，或者去一家Th Rambuttri沿街的现场音乐酒吧，比如**Molly Bar**（108 Th Rambuttri；⏰20:00至次日1:00）。

❺ 考山路

这时候，你应该已经做好了足够热身来迎接本次酒吧之旅的主要活动：考山路。去高高的**Roof Bar**（Th Khao San；⏰17:00至午夜）和来自各国的背包客一起俯瞰全市，或者去闹哄哄的**Center Khao Sarn**（Th Khao San；⏰24小时），大致位于街对面。

❻ 舞力全开

如果你还有精力，可能你应该去一家考山路的夜店，比如**The Club**（见69页），到了午夜再来，别来早了。

❼ 深夜

如果凌晨2点（这里大多数酒吧都会营业结束）对你来说还太早了，不妨去**The Bank**[4楼（3rd fl），44 Th Chakraphatdi Phong；⏰18:00至深夜]，这是一家位于天台的酒吧兼夜店，一直营业到很晚——真的特别晚，别说我们没提醒你……

A B C D
1 2 3 4 5 6

Phra Sumen Fort & Santi Chai Prakan Park 7
帕素梅要塞和圣堤差帕甘公园
Phra Athit/ Banglamphu Pier
Chao Phraya River (Mae Nam Chao Phraya)
昭披耶河(湄南河)
Khlong Banglamphu/Khlong Rop Krung
Soi 3
Soi 1
Soi 6
Soi 4
Th Samsen
17
21
37
18
26
45
20
Pua-Kee
Th Phra Athit
25
31
29
24
Th Phra Athit
39
27
23
Soi Chana Songkhram
Soi Ram Buttri
BANGLAMPHU
邦兰普
Th Chakraphatdi Phong
Th Phra Sumen
Th Kraisi
44
Th Tani
Th Sipsahm Hang
5
Wat Bowonniwet
布旺尼威寺
Wat Chana Songkhram
Th Rongmai
Th Kasab
15
Th Rambuttri
30
33
40
34
Th Khao San
考山路
Susie Walking St
Trok Mayom
Soi Damnoen Klang Neua
43
Th Tanao
May Kaidee's
Th Somdet Phra Pin Klao
Th Ratchini
National Theatre
国家剧院
National Museum
国家博物馆
Th Ratchadamnoen Klang
Soi Damnoen Klang Tai
32
10
October 14 Memorial
十月十四日纪念碑
Trok Sake
Th Na Phra That
Thammasat University
法政大学
Wat Mahathat
玛哈泰寺
Khlong Lod
Th Ratchadamnoen Nai
Th Atsadang
Th Ratchini
Th Buranasat
Sanam Luang
皇家田广场
Th Mahanop
Th Tanao
Soi Nava
Th Na Phra Lan
Th Lak Meuang
Th Sanam Chai
Th Phraeng Phuthon
22
41
19
Th Bamrung Meuang
42
Th Kanlaya Namit
KO RATANAKOSIN
拉塔那古辛岛

详细介绍请见
景点 60页
就餐 64页
饮品 68页
娱乐 71页
购物 72页
200 m
0.1 miles
Th Wisut Kaset
Th Prachathipatai
Soi 4
Trok Bahn Lo
36
Tourism Authority of Thailand
泰国旅游局
35
Th Chakraphatdi Phong
Th Ratchadamnoen Nok
38
28
Th Phra Sumen
Th Din So
Th Nakhon Sawan
Democracy Monument
民主纪念碑
12
Th Ratchadamnoen Klang
Th Lan Luang
3 King Prajadhipok Museum
帕贾提波国王博物馆
Ratchadamnoen Contemporary Art Center Ratchadamnoen
当代艺术中心
4
13
11
Mahakan Fort
马哈坎要塞
Phanfa Leelard Pier
Arawy Vegetarian Food
8 Wat Ratchanatdaram
拉加那达蓝寺
Khlong Saen Saeb
Bangkok City Hall
曼谷市政厅
Th Mahachai
Th Boriphat
2 Golden Mount & Wat Saket
金山和金山寺
Th Mahanop
Thanon Bamrung Meuang
宗教用品市场
16
14
Th Wora Chak
Sao Ching-Cha
大秋千
Th Bamrung Meuang
6
9 Ban Baat
僧钵村
1 Wat Suthat
苏泰寺

邦兰普

景点

苏泰寺　佛教寺庙

1 ◎ 见58页地图，E6

苏泰寺不仅宏伟又壮观，还保持着皇家寺庙的最高等级。在wí·hăhn(供奉佛像的圣殿)之中有精美的本生经(Jataka，佛祖生平故事)壁画和8米高的**Phra Si Sakayamuni**，后者是泰国现存最大的素可泰时期铜像，在14世纪于素可泰的旧都铸造而成。如今，拉玛八世(King Ananda Mahidol，阿南达·玛希敦国王；1935~1946年在位)的骨灰就保存在佛像的基座中。(Wat Suthat；วัดสุทัศน์；Th Bamrung Meuang；20B；8:30~21:00；运河渡船至Phanfa Leelard Pier)

金山和金山寺　佛教寺庙

2 ◎ 见58页地图，G5

即使已经看够了寺庙，你也应该登上金山(Phu Khao Thong)去看看。蜿蜒的台阶顺着整座假山盘绕，一路上行走在虬然古树的翳翳树荫下，途中还会经过一座座有钱施主的坟墓与肖像。抵达山顶后，你将能迎着微风，欣赏曼谷最上镜的360度全景。旁边是看似平静的金山寺，拥有全国最美丽但同时也最血腥的壁画；你走到佛像后的柱子处就会发现，壁画上非常直白地描绘了佛教里地狱的样子。(Golden Mount & Wat Saket；ภูเขาทองและวัดสระเกศ；Th Boriphat；金山登顶门票 10B；7:30~17:30；运河渡船至Phanfa Leelard Pier)

坐船

曼谷老城区的交通状况很可怕，而乘船——无论是湄南河快船还是运河渡船，则是去邦兰普的一种虽然慢却很可靠的出行方式。

帕贾提波国王博物馆　博物馆

3 ◎ 见58页地图，G4

博物馆汇集了很多老照片和历史见证物，描绘出泰国最后一位专制君主拉玛七世(King Prajadhipok，帕贾提波国王；1925~1935年在位)戏剧化的一生。它坐落在一座宏伟的新殖民风格的建筑物内，是拉玛五世为他最喜欢的Bond St商行而建的，这是连接曼谷两个宫殿区的皇家大道上唯一的外国商业建筑。(King Prajadhipok Museum；พิพิธภัณฑ์พระบาทสมเด็จพระปกเกล้าเจ้าอยู่หัว；www.kingprajadhipokmuseum.org；2 Th Lan Luang；免费；周二至周日 9:00~16:00；运河渡船至Phanfa Leelard Pier)

Ratchadamnoen当代艺术中心　美术馆

4 ◎ 见58页地图，F4

这家崭新的三层楼艺术馆会举办各式泰国当代艺术展，展品通过各种媒介展出。(Ratchadamnoen Contemporary Art Center；หอศิลป์ร่วมสมัยราชดำเนิน，RCAC；www.facebook.com/Ratchadamnone；Th Ratchadamnoen Klang；免费；周二至周日 10:00~19:00；运河渡船至Phanfa Leelard Pier)

壁画，布旺尼威寺

布旺尼威寺

佛教寺庙

5 见58页地图，D3

布旺尼威寺（简称Wat Bowon）建于1826年，是泰国法宗派（Thammayut，一个改良版的泰式佛教宗派）的全国总部。对于游客而言，寺庙宝殿里的壁画值得一看，其中包括泰国人描述的19世纪初西方人的生活（可能是从杂志插图照搬而来的）。由于这是一座皇家寺庙，游客要特别注意衣着得体才能获准进入，不允许穿短裤和无袖上衣。（Wat Bowonniwet；วัดบวรนิเวศวิหาร；www.watbowon.org；Th Phra Sumen；免费；8:30~17:00；Phra Athit/Banglamphu Pier）

大秋千

纪念碑

6 见58页地图，E6

这个细长的红色拱门就是大秋千，它是曼谷的一个标志，早先用于一个祭祀湿婆神的盛大的婆罗门节日上。在这个节日里，参与者们要把秋千荡得高高的，以努力够到悬挂在15米高的竹竿上的一袋金子。金子归拿到它的人所有，这绝非易事，但许多人成功了，也有许多人为此丢了性命。在毗邻苏泰寺的售票柜台能看见一张展示这个危险仪式的黑白照片。（Sao Ching-Cha；เสาชิงช้า，Giant Swing；Th Bamrung Meuang；运河渡船至Phanfa Leelard Pier）

帕素梅要塞和圣堤差帕甘公园 知名建筑、公园

7 见58页地图，B1

圣堤差帕甘公园所处位置以前是一家糖厂，如今是一小块绿地，能看到优美河景，晚上活动多姿多彩，包括有趣的广场舞。向南延伸的河滨小路适合安静地散步。公园最著名的地标是白得耀眼的帕素梅要塞，要塞于1783年为防卫河上入侵而建。(Phra Sumen Fort & Santi Chai Prakan Park; ป้อมพระสุเมรุ, สวนสันติชัยปราการ; Th Phra Athit; 免费; 5:00~21:00; Phra Athit/Bang-lamphu Pier)

拉加那达蓝寺 佛教寺庙

8 见58页地图，F5

这座寺庙是在19世纪40年代为拉玛三世(King Phranangklao，帕难高王；1824~1851年在位)修建的，其设计理念据说来自印度和斯里兰卡在2000多年前的金属寺庙。(Wat Ratchanatdaram; วัดราชนัดดาราม; Th Mahachai; 免费; 8:00~17:00; 运河渡船至Phanfa Leelard Pier)

僧钵村 街区

9 见58页地图，G6

拉玛一世在曼谷修建了3座制作bàht(独特的圆钵)的村落，这种钵是僧侣每天清晨化缘时所用的容器。如今3个村落仅剩一座僧钵村有居民生活。现在僧钵村的顾客以游客为主，而非寺庙，购买一个圆钵后往往可以参观制钵过程。(Ban Baat; บ้านบาตร, Monk's Bowl Village; 紧邻Soi Ban Bat; 9:00~17:00; 运河渡船至Phanfa Leelard Pier)

十月十四日纪念碑 纪念碑

10 见58页地图，D4

这座平静的纪念碑是为纪念1973年10月14日在一次争取民主的示威游行中被军队杀死的民众。为抗议对政治异议人士的逮捕和军政府独裁，当时有超过20万人聚集到了民主纪念碑和Th Ratchadamnoen。尽管泰国依然有一些人否认这件事，照片却能证明，在镇压群众时至少有70名示威者丧生。(October 14 Memorial; อนุสรณ์สถาน ๑๔ ตุลา; cnr Th Ratchadamnoen Klang & Th Tanao; 免费; 24小时; 运河渡船至Phanfa Leelard Pier)

马哈坎要塞 知名建筑

11 见58页地图，G4

早在18世纪末期，粉刷成白色的马哈坎要塞是用来守卫城墙内老城区的两座尚存的城堡之一。八角堡风景如画，如果天气炎热而且只想在这里稍微看一下，可以在去金山的途中顺便来一趟，但邻近的村庄更有趣。这座小型的木屋村庄已经有100多年的历史，但自20世纪90年代中期以来，曼谷市政府打算拆除这里并创建一个"旅游"公园项目，为此这里一直在同政府作斗争。(Mahakan Fort; ป้อมมหากาฬ; Th Ratchadamnoen Klang; 免费; 24小时; 运河渡船至Phanfa Leelard Pier)

沿着考山路往下走

俗称考山路的Th Khao San，完全不像地球上的任何一个地方。这里简直就是国际游客结算中心，无论是刚踏上东南亚自由之旅的游客，还是准备回归第一世界被精致生活束缚的游客，全都在霓虹闪烁的邦兰普大熔炉里济济一堂。考山路的奇特所在，问下面这个问题就能一目了然：在这个世界上，除了机场以外，还有什么地方能让你同时与来自几十个国家的居民共处一个空间？这些人包括狼吞虎咽地吃着香蕉薄煎饼的背包客新手或是正在猛点金汤力鸡尾酒的75岁的爷爷奶奶们。

地标的诞生

考山路（读作cow-sarn）的字面意思是“生米”，这个地方可以说是独立旅行时代最高调的“私生子”。不过，它并非一直都是这个样子。在最初的200年间，它只是曼谷老城一条平平常常的街道。1982年，第一批客栈在这里出现，随着20世纪80年代越来越多背包客的到来，这里的木房子一间接着一间地被改造成廉价小客栈。直到1997年亚历克斯·加兰（Alex Garland）创作的小说《海滩》（*The Beach*）将故事的开场设置于考山路比较寒碜破旧的一面，入住考山路竟渐渐成了所有到东南亚旅游的背包客的重要仪式。

今日考山路

加兰的畅销书以及后来根据该书改编而成的电影所带来的宣传效应让考山路声名大噪、走向主流，乌七八糟的环境被浪漫化，受到考山路吸引而来的背包客形象被固化成了不修边幅的反主流文化者。人们长久以来一直争辩着居住在考山路的好与坏，这也成为整个区域内背包客最爱聊的话题。住在考山路（KSR）酷吗？不酷吗？住在这里是不是“真实的旅行”？它只是一个国际意义上的“任何地方”，仅靠西方背包客施舍的几泰铢生存下来？这些西方背包客不都是转身就回家开创挣钱事业了吗？这里真的是泰国吗？抛开这些观点，这条路仍能满足旅客的一切需求：这里有能缓解乡愁的家乡口味，有分享柬埔寨边界旅行故事的咖啡馆与酒吧，有裁缝、旅行社、牙齿美白服务、二手书店、编头发的商店，当然还少不了一年四季都存在、见人就兜售木制青蛙的阿卡族（Akha）妇女。

邦兰普素食

由于深受外国影响，在邦兰普区域的素食餐厅多到惊人，除了Hemlock和Shoshana这两家提供素食的餐厅外，素食者还可以选择以下餐厅：

Arawy Vegetarian Food（见58页地图，E5；152 Th Din So；主菜30B起；7:00~20:00；；运河渡船至Phanfa Leelard Pier）

Thamna（175 Th Samsen；主菜 100~290B；周一至周六 11:00~15:00和17:00~21:00；；Thewet Pier）

May Kaidee' s（见58页地图，D3；www.maykaidee.com；59 Th Tanao；主菜80~120B；9:00~22:00；；Phra Athit/Banglamphu Pier）

民主纪念碑 纪念碑

12 见58页地图，E4

民主纪念碑可以说是宏伟的欧式大道Th Ratchadamnoen Klang的焦点。正如名字所示，这座纪念碑是为了纪念泰国从君主专制到君主立宪制的转变而建立的。（Democracy Monument；อนุสาวรีย์ประชาธิปไตย；Th Ratchadamnoen Klang；运河渡船至Phanfa Leelard Pier）

就餐

Krua Apsorn 泰国菜 $$

13 见58页地图，E4

这间家常餐厅深受泰国王室成员和美食评论人的喜爱。几乎所有泰国中部和南部菜肴都很好吃，但是常客绝对不会错过令人垂涎的黄咖喱炒蟹和卖相类似西班牙玉米薄烙饼的蟹肉蛋卷。（www.kruaapsorn.com；Th Din So；主菜100~450B；周一至周六 10:30~20:00；；渡船至Phanfa Leelard Pier）

Jay Fai 泰国菜 $$$

14 见58页地图，F6

看到Jay Fai极其简陋的餐厅，你一定想不到它会因为供应曼谷最贵的pàt kêe mow（醉汉面，加入海鲜和泰式香料炒制的河粉）而声名远播。但是这个价格包含了很多新鲜的海鲜，独特的炒制风格会使菜品出锅时几乎无油。Jay Fai位于Th Mahachai一个几乎没有招牌的店屋里，正对着一家7-ELEVEN。（327 Th Mahachai；主菜 180~1000B；周一至周六 15:00至次日2:00；运河渡船至Phanfa Leelard Pier）

Shoshana 以色列菜 $$

15 见58页地图，C3

Shoshana是考山路经营时间最长的以色列餐厅之一，就连俗气的墙绘和塑料的餐具垫都很像爷爷奶奶家的客厅。可以放心地点任何油炸食物，他们很擅长油炸类食物的烹饪。另外，别忘了尝尝蒜香茄子蘸酱。（88 Th Chakraphatdi

Phong；主菜 80~320B；⏲10:00至午夜；❄✍；⛴Phra Athit/Banglamphu Pier）

Thip Samai

泰国菜 $

16 见58页地图，F5

做好心理准备：沿着考山路贩卖的那种炒面和真正的pàt tai（炒米粉）根本不是一回事。很幸运，乘坐突突车只要5分钟就能到达Thip Samai，这里有全市最传奇的炒米粉。需要注意Thip Samai每隔一个周三会不营业。（313 Th Mahachai；主菜 50~250B；⏲17:00至次日2:00；⛴运河渡船Phanfa Leelard Pier）

Somsong Phochana

泰国菜 $

17 见58页地图，C1

这里是曼谷少数几家能吃到gŏo·ay đěe·o sù·kŏh·tai（素可泰米粉）的餐馆：烧肉和米粉浇上清汤，加上一点糖提味，再配上豆角丝，最后撒上花生碎。这里没有英文招牌。若要找到此处，先进入Th Lamphu，然后第一个路口左转，位于Watsungwej School对面；餐厅就在右边。（紧邻Th Lamphu；主菜 30B起；⏲9:30~16:00；⛴Phra Athit/Banglamphu Pier）

Baan Nual

泰国菜 $$

18 见58页地图，D1

现代餐厅都喜欢把自己打扮成朴素的样子，这真是一种循环。而Baan Nual正是这种潮流的缩影，店里只有3张桌子和满满的复古魅力。但请放心，丰富且多肉的泰国中部美食不会让你失望。英文菜单上的菜品有限，不过你可以访问餐厅的Instagram（@baannual372）来

民主纪念碑

THECHATAT/SHUTTERSTOCK ©

获得更多信息。(081 889 7403; 372 Soi 2, Th Samsen; 主菜 70~390B; 周二至周五 中午至21:00, 周六、日 16:00~21:00; Phra Athit/Banglamphu Pier)

Nuttaporn

泰国菜 $

19 见58页地图, C6

在过去70年里，这家摇摇欲坠的店屋一直在供应曼谷最出名的椰子冰激凌——在我们心中，这是吃过一碗香辣面条后可以洗刷味蕾的理想甜点。这里还有很多其他泰国独有的口味，包括泰芒果、泰国茶等，也可以试试榴莲口味。(94 Th Phraeng Phuthon; 主菜 20B起; 周一至周六 9:00~16:00; ; Phra Athit/Banglamphu Pier)

Karim Roti-Mataba

泰国菜 $

20 见58页地图, C1

这家经典曼谷餐馆近年来扩张了不少，但送上的食物依然美味，这里供应泰式穆斯林美食，比如roti飞饼、穆斯林咖喱、咖喱鱼挞，还有má·đà·bà（类似馅饼）。楼上有空调区，门外还有几张桌子，可即使如此座位也几乎不够忠实的粉丝和好奇的游客坐。(136 Th Phra Athit; 主菜 40~130B; 周二至周日 9:00~22:00; ; Phra Athit/Banglamphu Pier)

Bangkok Poutine

各国风味 $$

21 见58页地图, D1

既然你已经征服炸蝎子了，那么接下来有请poutine上场，即薯条浇上奶

Th Ratchadamnoen的街头小吃

PROMOTEBBB/SHUTTERSTOCK ©

Thanon Phra Athit的面条之旅

虽然Th Phra Athit几乎就在旅游胜地考山路的隔壁，却依旧是曼谷（和其他地方）面条的小天地。如果你感兴趣尝一下曼谷小众一点的面条，可以考虑选择以下餐馆：

Soy（见68页）想吃丰盛的大碗牛肉汤面，这里是最好的选择之一。你可以选择嫩到吹弹可破的红烧牛肉、鲜牛肉、牛肉丸，或者每样都来一份。

Khun Daeng（见68页）这里的gŏo·ay jáp yoo·an很出名，英文菜单上显示这道菜是"越南面条"。这道菜由越南移民引入泰国东北部，主料有辣香肠、鹌鹑蛋和河粉，撒上脆脆的洋葱酥，再浇上有点浓的汤。

Somsong Phochana 这里能吃到gŏo·ay đěe·o sù·kŏh·tai（素可泰米粉）：烧肉和米粉浇上清汤，加上一点糖提味，再配上豆角丝，最后撒上花生碎。真香！

Pua-Kee（见58页地图，C1；Th Phra Sumen，无英文招牌；主菜 50~90B；⌚9:00~16:00；Phra Athit/Banglamphu Pier）来Pua Kee尝尝泰国中部的经典菜式：冬阴功粿条（菜单上写的是rice noodle soup hotspicy with mixed ball），即用糖腌过的鱼丸面条、撒上青柠和干辣椒、配着炸到酥脆的馄饨。这里没有英语招牌，认准餐厅旁边的Makalin Clinic招牌。

酪块和肉汁。这里由几个加拿大魁北克人运营，店里随时在播放冰球比赛和法国流行歌曲，餐厅供应泰国和黎巴嫩美食，其中不少都是素食。（www.facebook.com/bangkokpoutine；Th Samsen；主菜 70~200B；⌚周二至周日 中午至午夜；❄ ✍；Phra Athit/Banglamphu Pier）

Chote Chitr　泰国菜 $

22 见58页地图，C6

这家运营了三代的店屋餐厅只有6张桌子，是曼谷美食的标志。虽然厨师的发挥有时不稳定、服务也一直很糟糕，不过他们发挥正常时，能作出自成一格的mèe gròrp（酥脆炒面）和yam tòo·a ploo（四棱豆沙拉）。（146 Th Phraeng Phuthon；主菜 60~200B；⌚11:00~22:00；运河渡船至 Phanfa Leelard Pier）

Hemlock　泰国菜 $$

23 见58页地图，B2

这家常年受到喜爱的餐厅充分利用了店里温馨舒适的环境，既有足够的格调撑起一次特别的晚餐约会，又不会在口味和准备上敷衍了事。和其他类似的餐厅不同的是，兼收并蓄的菜单就像一部古老的文学作品，将全国各地贵族厨房年代久远的菜肴重新呈现，还有一些没有肉的菜式。（56 Th Phra Athit；主菜 75~280B；⌚周一至周六 16:00至午夜；❄ ✍；Phra Athit/Banglamphu Pier）

Soy

中国菜 $

24 见58页地图，B2

久负盛名的Soy为大家提供丰盛的大碗牛肉汤面。你可以选择嫩到吹弹可破的红烧牛肉、鲜牛肉、牛肉丸，或者各样都来一份。这里没有英文招牌，要留意有红色塑料椅的开放式店屋。（100/2-3 Th Phra Athit，无英文招牌；主菜 80~100B；7:00~17:30；Phra Athit/Banglamphu Pier）

Escapade Burgers & Shakes

美国菜 $$

25 见58页地图，B2

说起美国美食，泰国人早就不把麦当劳当回事了，这家Escapade就是证据。挤入这家像酒吧一样的狭窄餐厅，尝一尝用料很高端（比如“烤米蛋黄酱”）却很凌乱的汉堡，还有“罪恶”的奶昔。（112 Th Phra Athit；主菜 120~330B；周二至周六 16:00至午夜；；Phra Athit/Banglamphu Pier）

不走寻常路

尽管考山路总和外国游客联系到一起，但是近年来也逐渐成为当地年轻人的热门去处。如果想尝试当地的酒吧环境，可以沿着Th Phra Athit去开设现场音乐的酒吧逛逛。

Rarb

泰国菜 $$$

26 见58页地图，B1

这里是当地餐饮中的一颗新星。尝一口酒劲不小的限制级鸡尾酒（这款酒的名字让人脸红心跳），这款酒由获奖调酒师Karn Liangsrisuk所调制，他曾是隔壁汉堡店Escapade的调酒师，那时候店里还在播放20世纪70年代的泰国放克乐。这家餐厅的酒吧很小，不过辣味猪肉沙拉配着特色焗饭和大厨的秘制香辣调料真是棒极了。（49 Th Phra Athit；主菜 300~500B；周二至周日 17:00至午夜；BTS轻轨站Saphan Taksin）

Khun Daeng

泰国菜 $

27 见58页地图，B2

这个热门餐馆提供gŏo·ay jáp yoo·an，英文名为Vietnamese noodle（越南米粉）。这道菜由越南移民引入泰国东北部，主料有辣香肠、鹌鹑蛋和河粉，撒上脆脆的洋葱酥，再浇上有点浓的汤。这里没有英文招牌，多留意白绿相间的门面。（Th Phra Athit，无英文招牌；主菜 45~55B；周一至周六 11:00~21:30；Phra Athit/Banglamphu Pier）

饮品

Ku Bar

酒吧

28 见58页地图，F3

你是否厌倦了围着红牛的酒桶和鸡尾酒？不如去Ku Bar，这里的一切都不像考山路那样的夜店氛围。爬上三层楼梯（留心不起眼的招牌），来到这间装潢极简到近乎滑稽的酒吧，这里有以水果

经典泰国米粉：Pàt tai

和食物为原材料的鸡尾酒（比如荔枝、番茄、菠萝、红辣椒），朦胧的音乐让这里地下感十足。[www.facebook.com/ku.bangkok; 4层（3rd fl），469 Th Phra Sumen; ⌚周二到周日 19:00至午夜]

Madame Musur 酒吧

29 见58页地图，B2

来这家酒吧你就可以省掉北上去拜县（Pai）的路途，Madame Musur成功地把泰国北部、电影《海滩》和考山路这几个相去甚远的元素组合在了一起。这是个闲聊、小酌和打望人群的有趣之地，还供应几种泰国北部菜肴（100～200B），来吃点东西也不错。（www.facebook.com/madamemusur; 41 Soi Ram Buttri; ⌚8:00至午夜; Phra Athit/Banglamphu Pier）

The Club 夜店

30 见58页地图，C3

坐落在考山路正中央，这间空旷巨大的舞厅聚集了一大群的当地人和背包客。可在Facebook主页了解最新的活动和客座DJ。（www.facebook.com/theclubkhaosanbkk; 123 Th Khao San; 周五和周六 门票120B; ⌚21:00至次日2:00; Phra Athit/Banglamphu Pier）

Commé 酒吧

31 见58页地图，B2

认准店外的复古摩托车，不过在你到这里之前，可能就先听到了这里的喧闹。这间位于Th Phra Athit的经典半露天酒吧聚集了当地潮人，最适合来一场闹闹哄哄、不醉不归的泰式狂欢夜活动。

了解泰拳

曾被称为Phahuyut[源于巴利语的bhahu，即武装和yodha（战斗）]，泰拳这种古老的泰国武术是这个国家最具代表性的民族标志。

一项古老的传统

很多武术迷都认为泰拳最高效、最实用，并且在如今徒手搏击的擂台上基本处于不败地位。自1767年暹罗人在大城被击败后，几个moo·ay boh·rahn（当代泰拳正是由此衍生而来）拳法大师作为囚犯被押往缅甸。在几年后的一次节日中，作为国王的娱乐，一名泰国拳手Nai Khanom Tom受命去挑战一名优秀的缅甸拳手，看看到底是哪种拳法最有效。电光火石间，他接连解决了9个对手，根据传说，作为嘉奖，他可以选择金钱或者美女，最终他不假思索便迎娶了两位妻子。

现代运动

在这项运动的早期，拳手的拳头上会缠着厚厚的马皮，以求用最小的指关节损伤换来最大的杀伤力；树皮和贝壳被用来保护裆部免受致命的踢腿。但是过高的死亡率和严重的身体伤害使得政府在20世纪20年代禁止了泰拳；到了20世纪30年代这项运动在一系列现代规则下再次复活了。比赛限制每回合3分钟，共5回合，每回合之间有两分钟休息时间。参赛者必须穿着国际通用的手套和短裤，直到今天，也不穿鞋子，而是在脚上缠住绷带。尽管做出了这些为了安全的让步，但是如今大部分体表仍然是有效击打部位，除了头部之外，身体的任何部位都可以用来击打对手。常见的攻击包括对脖子的高踢、肘部对面部和头部的推挤、对肋骨的膝盖勾击和对小腿的低踢。拳头被认为是所有打击中最弱的，而踢腿仅仅是“软化”对手的一种方式；在大多数比赛中，膝盖攻击和肘击才能起到决定性作用。

（100/4-5 Th Phra Athit；⏲18:00至次日1:00；⛴Phra Athit/Banglamphu Pier）

Phra Nakorn Bar & Gallery 酒吧

32 见58页地图，C4

这里距离狂热的考山路只有一臂之遥，气氛却大不一样。对于泰国学生和艺术爱好者来说，来到Phra Nakorn Bar可以算是宾至如归，这里有不拘一格的装修和不断变化的艺术展品。我们建议：直接去凉风习习的天台，然后点一些便宜却可口的泰国食物。（www.facebook.com/Phranakornbarandgallery；58/2 Soi Damnoen Klang Tai；⏲18:00至次日1:00；⛴运河渡船至Phanfa Leelard Pier）

Hippie de Bar

酒吧

33 见58页地图，C3

Hippie拥有一种时髦独特的复古气氛，室内和室外都有座位。播放的独立和流行类音乐也是在曼谷其他地方不容易听到的。虽然酒吧就在考山路上，但竟然没什么外国顾客，特别适合结交几个新的泰国朋友。（www.facebook.com/hippie.debar；46 Th Khao San；15:00至次日2:00；Phra Athit/Banglamphu Pier）

Lava Gold

夜店

34 见58页地图，C3

爬下楼梯，来到这家历史悠久、永远人山人海的考山路夜店。这里的DJ想获得国际赞誉估计挺难，不过刚好合了这群醉醺醺观众的胃口。（www.facebook.com/Lava.Gold.Club；249 Th Khao San；19:00至次日4:00；Tha Phra Athit/Banglamphu）

Rolling Bar

酒吧

35 见58页地图，E3

要逃离狂热的考山路，就晃到这个安静的、位于运河边的酒吧吧！现场音乐以及咸味的吧台小吃都是你驻足的理由。（Th Prachathipatai；17:00至午夜；运河渡船至Phanfa Leelard Pier）

娱乐

Rajadamnern Stadium

表演赛

36 见58页地图，H2

Rajadamnern Stadium是曼谷最古老也最庄严的泰拳场地（moo·ay tai，也被拼成muay Thai），于周一、三、四18:30～23:00，周日15:00～18:30会举行泰拳比赛。一定要在官方售票处或者网上买票，不要从入口外的票贩子或者黄牛党那里买。（สนามมวยราชดำเนิน；www.rajadamnern.com；紧邻Th Ratchadamnoen Nok；三等/二等/擂台外票价 1000/1500/2500B；比赛 周一、周三和周四 6:30～23:00，周日 15:00和18:30；Thewet Pier，S Phaya Thai BTS轻轨站3出口，转乘出租车）

Brick Bar

现场音乐

这家酒吧位于Buddy Lodge（43 见58页地图，D3）的地下室，是我们在曼谷听现场音乐最喜欢的去处之一，每晚都会有一批乐队轮换着为几乎都是泰国人的顾客表演，最后许多顾客都会站到桌子上跳舞。Brick Bar可能拥挤不堪，所以一定要早点儿到。（www.brickbarkhaosan.com；265 Th Khao San；门票周六和周日 150B；19:00至次日1:30；Phra Athit/Banglamphu Pier）

Ad Here the 13th

现场音乐

37 见58页地图，D1

这个壁橱般大小的蓝调酒吧结合了街区酒吧应有的一切特点：大批的常客、冰冷的啤酒以及由功力非凡的驻场乐队现场演奏出的暖人心脾的音乐。现场表演晚上10点开始。这里似乎人人都认识彼此，所以不要不好意思跟大家打成一片。（www.facebook.com/adhere13thbluesbar；13 Th Samsen；18:00至午夜；Phra Athit/Banglamphu Pier）

Brown Sugar

现场音乐

38 见58页地图，F3

这家现场音乐的常青树位于一个山洞一样的店屋内。演奏的音乐从放克到爵士都有，在大多数晚上，现场音乐从20:00开始，会吸引来很多当地人，尤其是在周末。(www.brownsugarbangkok.com；469 Th Phra Sumen；周二至周四和周日 17:00至次日1:00，周五、六 至次日2:00；运河渡船至Phanfa Leelard Pier，Phra Athit/Banglamphu Pier)

jazz happens!

现场音乐

39 见58页地图，B2

与泰国最著名的艺术大学相连，jazz happens! 对有抱负的音乐人才来说是一个舞台。几乎每晚都会有演出，还有不少酒吧小吃可选，你准能尽兴。(www.jazzhappens.org；62 Th Phra Athit；19:00至次日1:00；；Phra Athit/Banglamphu Pier)

购物

考山路市场

礼品和纪念品

40 见58页地图，C3

这条邦兰普的客栈一条街同时也是夜以继日不断运转的购物集市，兜售各种背包客的“必需品”：印着脏话的T恤衫、盗版CD、亚麻服饰、假学生证、山寨名牌、自拍杆、橙汁，当然也少不了那堆呱呱乱叫的木青蛙。(Th Khao San；10:00至午夜；Phra Athit/Banglamphu Pier)

考山路的小摊（见63页）

NANTIPIPAT VUTTHISAK/SHUTTERSTOCK ©

神圣的购物

Thanon Bamrung Meuang宗教用品市场（ถนนบำรุงเมือง；见58页地图，F6；Th Bamrung Meuang；⊙9:00~18:00；运河渡船至Phanfa Leelard Pier）所在的片区是曼谷最古老的街道之一，原本是供大象通往大皇宫的道路，如今从Th Mahachai与Th Tanao之间到处都是卖各式佛像与佛教用品的店。在店铺后面，是一间间为泰国各地生产巨大的青铜佛像的作坊。可能你并不需要一尊佛像或者某位著名高僧的等身模型，但看看也挺好玩，再说了没准你什么时候需要做大量的泰式功德呢。

Heritage Craft　艺术和手工艺品

41 见58页地图，C6

这家新开的精品店出售有良心的手工艺品，展示着出自**泰国工艺品博览会**（www.thaicraft.org；L fl，Jasmine City Bldg，Soi 23和Th Sukhumvit交叉路口；M Sukhumvit 出口2，S Asok BTS轻轨站3出口）的优质日用器物，其中一部分是遵循公平贸易条例生产的。商品包括泰国东北部的丝绸制品、泰国南部的篮子和泰国北部的首饰，同时还自带一间迷人的咖啡馆。（35 Th Bamrung Meuang；⊙周一至周五 11:00~18:00；运河渡船至Phanfa Leelard Pier）

Mowaan　医疗保健

42 见58页地图，D6

在其将近100年的历史中，这个品牌制造着含泰国草药成分的口服含片、呼吸器、唇膏。就算你身体倍儿棒，也可以来看看陈列室里保存完好的展品，体会时光倒流的感觉。（www.mowaan.com/en；9 Soi Thesa；⊙9:00~17:00；运河渡船至Phanfa Leelard Pier）

Lofty Bamboo　艺术和手工艺品

43 见58页地图，D3

时间不够去泰国北部？没关系。在这个商店你可以买到鲜艳的山地部落风的衣服和布制品，还有其他你只能在清迈和清莱的市场找到的商品。最重要的是，你的消费有助于促进内陆乡村经济的自给自足。[Buddy Lodge 1楼（ground fl），265 Th Khao San；⊙10:30~20:00；Phra Athit/Banglamphu Pier]

Nittaya Thai Curry　食品和饮品

44 见58页地图，C2

Nittaya因其辛辣、高品质的咖喱酱而闻名泰国。你可以挑选几罐，以后的晚宴派对用得着，也可以仔细看看小吃和礼品区，来到曼谷的游客会在这里为朋友和家人购买当地特产。（136-40 Th Chakraphatdi Phong；⊙周一至周六 9:00~19:00；Phra Athit/Banglamphu Pier）

顶级景点

都实宫公园（Dusit Palace Park）

自1897年第一次欧洲之行后，拉玛五世（King Chulalongkorn，朱拉隆功国王，1868~1910年在位）对欧洲城堡有了构想。于是他着手将这些欧式风格用独特的泰国建筑手法表现出来，从而造就了今天的都实宫公园。如今，国王还有另一个寝宫（在华欣），这座建筑群现已成为一座家庭博物馆和其他文化藏品的收藏地。

วังสวนดุสิต

以Th Ratchawithi、Th U Thong Nai和Nakhon Ratchasima为界

成人/儿童 100/20B，票价包括大皇宫

周二至周日 9:30~16:00

Thewet Pier，S Phaya Thai出口2转乘出租车

目前，都实宫公园仍然因翻修而临时关门。

柚木宫（Vimanmaek Teak Mansion）

1868年始建于西昌岛（Ko Si Chang），1910年迁至此地，这座宫殿（见左图）有房间、礼堂和前厅，共81间。据说柚木宫是世界上最大的黄金柚木建筑，而且整个建筑未用一枚钉子。9:45~15:15，每30分钟有一次长达1小时的免费英语导览游。

曼谷古织物博物馆（Ancient Cloth Museum）

这里向人们展现了用于制造皇室服装的美丽传统丝绸和棉布藏品。

杜喜宫（Abhisek Dusit Throne Hall）

始建于1904年拉玛五世时期，当时是王座宝殿，是彼时上乘建筑的典范。深受维多利亚风格影响的雕栏玉砌与摩尔式廊柱营造出让人称奇的典型泰式建筑外观。

泰国皇家大象博物馆（Royal Thai Elephant Museum）

有两间大型的牲畜棚，曾圈养着3头白象，这种象征着吉兆的白化病大象被归为皇室财产，泰国皇家大象博物馆便是由这两间牲畜棚改建而成的。

★ 独家贴士

- 都实宫公园的门票也包括了大皇宫的门票费。
- 因为都实宫公园是皇家领地，游客须穿长裤（不可以穿七分裤）或者长裙以及有袖的衣服。

✕ 吃喝落脚点

- 如果你正好午饭时间来到都实宫公园，不妨去**Likhit Kai Yang**（紧邻Th Ratchadamnoen Nok，无英文招牌；主菜 50~300B；⌚9:00~21:00；❄；Ⓢ Phaya Thai出口3然后转乘出租车）尝一下全曼谷最棒的烤鸡。
- 如果是晚上，来**Hazel's Ice Cream Parlor & Fine Drinks**（www.facebook.com/HazelsParlor; 171 Th Chakraphatdi Phong；⌚周二至周六 17:00~23:00，周日 中午至23:00；Ⓢ Phaya Thai 出口3然后转乘出租车）点一杯精酿啤酒和冰激凌可乐。

ไชน่าทาวน์ สกาล่า
CHINA TOWN SCALA
魚翅・燕窩
SHARK'S FIN - BIRD'S NEST
中國城
銀都魚翅酒樓
SEAFOOD
海外天魚翅酒樓
Hotel Royal
Bangkok-Chinatown
16

唐人街

(Chinatown)

唐人街体现了曼谷繁忙、嘈杂和脏乱的一面，但正是因此，探索这里才如此迷人。该地区的主要景点金佛（Wat Traimit）和街头市场，都值得一游，但一定要留出足够的时间给霓虹灯下的金店、隐藏的寺庙，以及在摇摇欲坠的店面和狭小的窄巷中漫无目的的闲逛。

早点儿起，搭乘观光巴士去金佛寺看金佛（见78页）。穿过疯狂的塔拉迈市场（Talat Mai，见84页）的巷子，到中式寺庙龙莲寺（Wat Mangkon Kamalawat，见84页）。然后前往帕乎叻（Phahurat）——曼谷小印度，并在Royal India（见88页）享用午餐。唐人街在傍晚时分开始恢复生机，也是我们的美食之旅步行游览的最佳时间（见80页）。晚餐后，你可以在River Vibe屋顶酒吧（见90页）欣赏湄南河的美景。最后在花卉夜市派克隆花市（Pak Khlong Talat）结束你的夜晚。

到达和当地交通

最近的地铁站是Hua Lamphong，距离周边景点大概1公里，你可以多走点路或者搭乘出租车。也可以在Ratchawong Pier搭乘湄南河快船，这里距大多数餐厅只需走一点路，离多数景点也更近。

M 地铁 Hua Lamphong。

湄南河快船 Marine Department Pier、Ratchawong Pier、Saphan Phut/Memorial Bridge Pier和Pak Klong Taladd Pier。

区域地图见82页

Th Yaowarat，唐人街主路 KRIANG KAN/SHUTTERSTOCK ©

顶级景点

金佛寺（Wat Traimit）

金佛寺，也被称为*Temple of the Golden Buddha*，供奉着全世界最大的黄金雕像，一尊有着神秘过往的3米高、5.5吨重的纯金佛像。这尊佛像的来历可追溯自13世纪，并且有过一段“卧底经历”。

见82页地图，G4

วัดไตรมิตร, Temple of the Golden Buddha

Th Mittaphap Thai-China

门票 100B

8:00~17:00

Ratchawong Pier，M Hua Lamphong地铁站1出口

金佛

金佛寺最吸引人的地方就是纯金佛像了。佛像被安置在一座雄伟的大理石建筑的四层，大约在60年前，佛像从要把它移到庙里的吊车上掉了下来，磕掉了灰泥和石膏外层，露出了金光闪闪的内里，金佛就这样在无意中被“发掘”了。有关理论认为佛像外面包裹的材质是为了防止外族的劫掠，因为在素可泰王朝后期和随后的大城王朝，曼谷都曾被缅甸人包围。

Phra Maha Mondop

在2009年，寺院为佛像修建了一个新家。将中式大理石的栏杆和陡峭的泰式风格的屋顶相结合，现在它是唐人街中较高的建筑之一，几个街区外都能看到金色的尖顶。建筑周围是一片狭窄的草地，通过喷泉浇灌。

Yaowarat 唐人街遗产中心

这座**博物馆**（Yaowarat Chinatown Heritage Center, ศูนย์ประวัติศาสตร์เยาวราช; 40B; ⊙周二至周日8:00~17:00）虽然不大却引人入胜，位于Phra Maha Mondop四楼（3rd floor），举办关于华人迁徙至泰国的多媒体展览，同时还讲述了曼谷唐人街和居民区的历史。有一个用于展示泰国华裔各方面文化的微观模型尤其有趣。

Phra Buddha Maha Suwanna Patimakorn Exhibition

这里是Yaowarat唐人街遗产中心的延伸，**展览**（นิทรรศการพระพุทธมหาสุวรรณปฏิมากร; ⊙周二至周日 8:00~17:00）位于三楼（2nd floor），向人们介绍佛像是怎样制造出来、是如何被发掘、又是怎么被安置到现在的地点。如果你想知道如何制造或者运输一尊5.5吨的佛像，可以来这里找答案。

★ 独家贴士

- 金佛寺距离Hua Lamphong地铁站只有几步路。
- 不要错过两座有趣的博物馆，位于金佛所在的建筑内，周一关门。

吃喝落脚点

位于同一大院，是佛像东边的一个没有招牌的被遮住的建筑，在低调的Khun Yah Cuisine（见86页）可以品尝泰国中部风格的咖喱和面条。这里没有菜单，哪个看着好吃指哪个即可，务必在中午之前来。

步行游览

唐人街的味道

街头小吃在唐人街占绝对主流，使得这里成为了进行美食之旅的理想地点。尽管很多小贩很晚才关门，可热门一点的小摊很快就卖完收摊了，所以来这里大快朵颐的最佳时间是19:00~21:00，不要在周一来这里，届时市内大多数街头小吃摊贩都不出摊。需要注意，很多小摊都没有英语招牌。

线路信息

起点 Nai Mong Hoi Thod; Tha Ratchawong, M Hua Lamphong出站后转乘出租车

终点 Shanghai Terrace; Tha Ratchawong, M Hua Lamphong出站后转乘出租车

距离 1.5公里；2~3小时

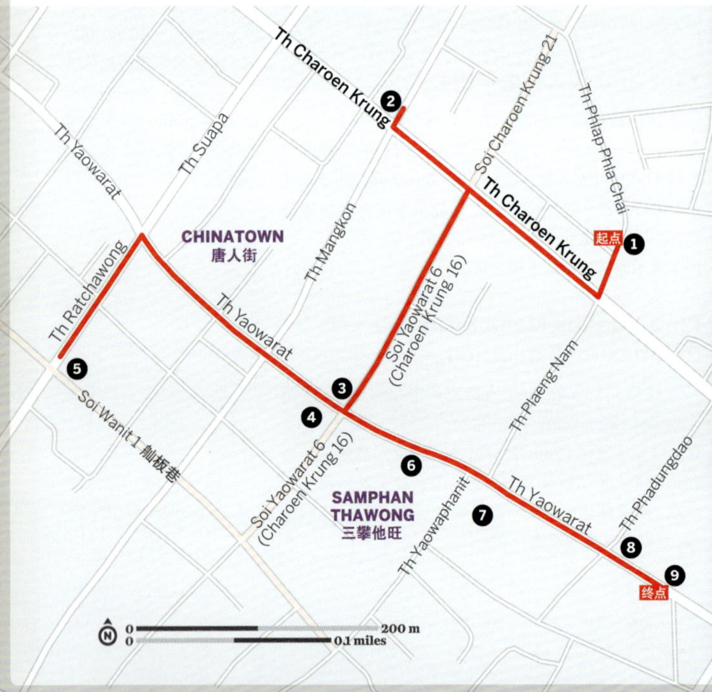

❶ Nai Mong Hoi Thod

首先从Th Plaeng Nam和Th Charoen Krung的交叉路口出发，沿着Th Phlap Phla Chai向北走，直到你到达**Nai Mong Hoi Thod**（主菜 50~70B；周二至周日 17:00~22:00），这里美味的hŏy tôrt（河蚌或牡蛎同鸡蛋和面糊一起炒）很出名。

❷ Jék Pûi

返回Th Charoen Krung，然后向右拐。到At Th Mangkon再向右。在左手边你会发现一个没有桌子的**小摊**（主菜30B起；周二至周日 16:00~20:00）。

❸ Gŏo·ay đĕe·o kôo·a gài

再次穿过Th Charoen Krung，然后左转，往东走到Soi 16（也被叫作Trok Itsaranuphap）。在这个狭窄的市场巷的尽头你可以看到一位绅士在制作**gŏo·ay đĕe·o kôo·a gài**（Soi 6, Th Yaowarat；主菜30B起；周二至周日 17:00~22:00），也就是用蒜油炒米粉，加鸡肉和鸡蛋。

❹ Nay Lék Ûan

到达Th Yaowarat后，过马路去街正对面的繁忙市场。在右手边头一个**摊子**（Soi Yaowarat 11；主菜40B起；17:00至午夜）可以买到gŏo·ay jáp nám săi：一种很辣的猪杂米粉汤。

❺ Phat Thai Ratchawong

沿着Th Yaowarat往西走。左转至Th Ratchawong，有一对华裔夫妇开的**摊子**（Th Ratchawong；主菜30B起；周二至周日 19:00~23:00），其供应风味独特的pàt tai——泰国最出名的菜，用炭火炒制，炒罢盛到用香蕉叶制成的杯子里。

❻ Mangkorn Khŏw

沿着Th Yaowarat往回走，到达与Th Yaowaphanit的交叉路口，在这里你会看到一个**街边摊**供应美味的云吞面（bà·mèe；主菜50B起；周二至周日18:00至午夜）。

❼ Boo·a loy nám kĭng

紧邻Mangkorn Khŏw的是一家无名小摊，供应中式的泰国甜点，包括美味的**姜汁汤圆**（boo·a loy nám kĭng；主菜30B起；周二至周日 17:00~23:00；），一种黑芝麻糊馅的汤圆，盛在姜汤里。

❽ 海鲜摊

穿过Th Yaowarat然后往东去，直走到与Th Phadungdao的交会处；这个角落坐落着**Lek & Rut**和**T&K**（见87页），这是两家人山人海而且几乎一模一样的露天海鲜摊。

❾ Shanghai Terrace

沿着Th Yaowarat接着往东走，一直走到Shanghai Mansion Hotel，上三楼（2nd floor）就是**Shanghai Terrace**[Shanghai Mansion 1楼（ground floor），479-481 Th Yaowarat；18:00~23:00]，这是一家爵士酒吧，及时为你带来救命的冷气，也是你此行的终点。

A
B
C
D
1
2
3
4
5
6
Saranrom Royal Garden
萨兰罗姆皇家公园
Rommaneenart Park
Soi Long Tha
Th Charoen Krung
Th Mahachai
24
17
Th Burapha
Old Siam Plaza
Nakhon Kasem (Thieves' Market)
Th Phahurat
Th Ban Mo
Th Triphet
9
Phahurat
帕乎叻
16
Th Yaowarat
6 Sampeng Lane
舢板巷
Soi Wanit 1
Th Maha Rat
5
Pak Khlong Talat
派克隆花市
Th Chakkaraphet
Th Chakrawat
CHINATOWN
唐人街
Atsadang Pier
Pak Klong Taladd Pier
Saphan Phut/ Memorial Bridge Pier
Th Ratchawong
4
Church of Santa Cruz
圣克鲁斯教堂
Saphan Phut (Memorial Bridge)
Phra Pokklao Bridge
Ratchawong Pier
Chao Phraya River (Mae Nam Chao Phraya)
昭披耶河(湄南河)
Th Arun Amarin
Th Prachathipok
Th Din Daeng
Th Somdet Chao Phraya
详细介绍请见
顶级景点 78页
景点 84页
就餐 86页
饮品 89页
娱乐 90页
0 400 m
0 0.2 miles

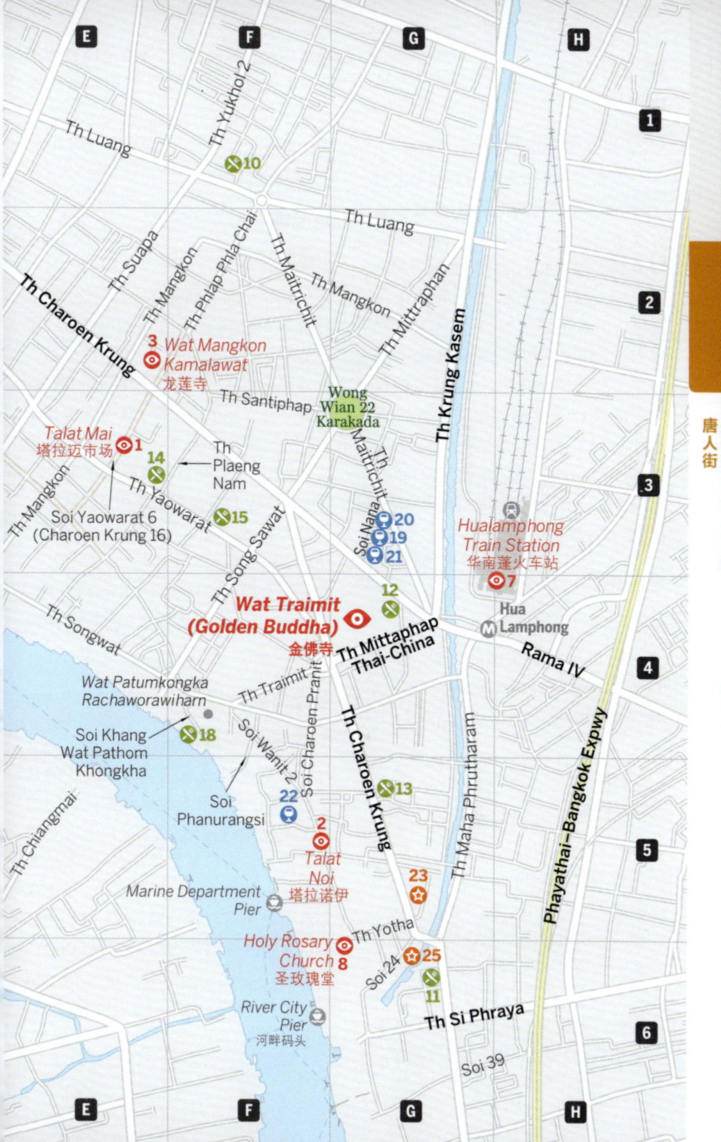
E
F
G
H
1
2
3
4
5
6
Th Yukhol 2
Th Luang
10
Th Luang
Th Suapa
Th Mangkon
Th Phlap Phla Chai
Th Maitrichit
Th Mangkon
Th Mittraphan
Th Krung Kasem
Th Charoen Krung
3 Wat Mangkon Kamalawat
龙莲寺
Th Santiphap
Wong Wian 22 Karakada
Talat Mai
塔拉迈市场
1
14
Th Plaeng Nam
Th Maitrichit
Th Mangkon
Th Yaowarat
15
Soi Yaowarat 6 (Charoen Krung 16)
Th Song Sawat
Soi Nana
20
19
21
Hualamphong Train Station
华南蓬火车站
7
12
Wat Traimit (Golden Buddha)
金佛寺
Th Mittaphap Thai-China
Hua Lamphong
Rama IV
Th Songwat
Wat Patumkongka Rachaworawiharn
Th Traimit
Soi Charoen Pranit
Th Charoen Krung
Soi Khang Wat Pathom Khongkha
18
Soi Wanit 2
Th Maha Phruthararm
Phayathai–Bangkok Expwy
13
Soi Phanurangsi
22
2
Talat Noi
塔拉诺伊
Th Chiangmai
23
Marine Department Pier
Holy Rosary Church 8
圣玫瑰堂
Th Yotha
Soi 24
25
11
River City Pier
河畔码头
Th Si Phraya
Soi 39
唐人街

景点

塔拉迈 市场

1 见82页地图，E3

在将近两个世纪的贸易往来之后，“新市场”这个名字已经不能精确地形容这条商业街了。这个市场的中国味道如果不算泰国之最，也一定是曼谷第一。这里的干货、调味品、香料和酱汁会让每个中国人感到熟悉。就算你对食物不感兴趣，热闹的气氛（小心在逛街的人群中间穿梭的摩托车）、异国情调和空气中弥漫的气味也会给你一种超离奇的感官体验。（Talat Mai；ตลาดใหม่；Soi Yaowarat 6/Charoen Krung 16；6:00~18:00；Ratchawong Pier，M Hua Lamp-hong地铁站1出口，转乘出租车）

塔拉诺伊 街区

2 见82页地图，F5

这里是小巷生活的缩影，得名于Th Charoen Krung附近的Soi 22和Soi 20之间的一片小型市场。这里的小巷像溪流径自延伸，弯弯绕绕地经过面条店、油渍斑斑的机械修理店和别人家的客厅。（Talat Noi；ตลาดน้อย；紧邻Th Charoen Krung；7:00~19:00；Marine Department Pier）

三分天注定

在唐人街的很多寺庙中，你都能看到当地人在摇一个装着细棍儿的罐子，这叫作签诗（see·am see，潮汕闽南话方言）。你也能玩一把：等一根棍儿掉到地上后，检查棍子上的编号，然后找到对应的纸。纸上写着一段关于你未来的很有道理的签文，用泰文、中文和英文写成。

龙莲寺 佛教寺庙

3 见82页地图，E2

这座中式大乘佛寺香火鼎盛，如云的烟雾与阵阵的诵经声缔造出其独一无二的感受。寺庙周围有小贩出售供品，包括莲花形状的蒸团子和橘子，人们将供品献给寺庙来做功德。这座寺庙建于1871年，是该地区最大、最重要的宗教建筑，这里在每年举行的**素食节**期间（9月或10月），会有很多宗教和烹饪活动。（Wat Mangkon Kamalawat；วัดมังกรกมลาวาส；Th Charoen Krung和Th Mangkon交叉路口；免费；6:00~18:00；Ratchawong Pier，M Hua Lamphong地铁站1出口，转乘出租车）

圣克鲁斯教堂 教堂

4 见82页地图，A3

早在素坤逸成为曼谷国际区的几个世纪前，葡萄牙人就已经在这片河边的土地宣布西方至上了，这片土地是塔克辛国王赏赐给葡萄牙人的，以表彰葡萄牙在大城沦陷后给予的支持。圣克鲁斯教堂就坐落在这片特许区，其历史可追溯至1913年。（Church of Santa Cruz；โบสถ์ซางตาครู้ส；Soi Kuti Jiin；周六、日7:00至中午；从Atsadang Pier搭乘过河渡船）

派克隆花市

市场

5 见82页地图，B3

2016年，曼谷曾经著名的街头花卉市场已经搬至室内。在沿着Th Chakkaraphet铺展开的市场和店屋里，你依然可以发现一朵朵精致的兰花、一排排玫瑰和一堆堆纽扣般的康乃馨，但氛围并没有以前那么激动人心。最好深夜再来，这时候货物刚从乡下运来。（Pak Khlong Talat; ปากคลองตลาด, Flower Market; Th Chakkaraphet; 24小时; Pak Klong Taladd Pier, Saphan Phut/Memorial Bridge Pier）

舢板巷

市场

6 见82页地图，D2

Soi Wanit 1，俗称舢板巷（Sampeng Lane），是一条大致与Th Yaowarat平行、横穿过唐人街和帕乎叻两大区域的狭窄的巷子，位于唐人街的部分开满了售卖发饰、钢笔、贴纸、家居用品以及发光发声小玩意儿的批发店。靠近Th Chakrawat则会有一些珠宝首饰店。周末人多得可怕，得具备体操运动员般的灵活才能挤进这充满手推车、摩托车和各种路障的市场。（Sampeng Lane; สำเพ็ง; Soi Wanit 1; 8:00~18:00; Ratchawong Pier, M Hua Lamphong地铁站1出口，转乘出租车）

华南蓬火车站

历史建筑

7 见82页地图，H4

位于唐人街东南端，是曼谷的主火车站，由荷兰建筑师和工程师于1910年至1916年建造。（Hualamphong Train Station; สถานีรถไฟหัวลำโพง; 紧邻Rama IV; M Hua Lamphong地铁站2出口）

挥舞的黄旗

在一年一度的素食节期间（9/10月），曼谷的唐人街几乎是一场素食者的狂欢。庆祝活动在唐人街的主街道进行，即Th Yaowarat和塔拉诺伊区域，不过届时全市的餐厅都会插着黄色的旗子以表示自己供应素食。

圣玫瑰堂

教堂

8 见82页地图，G6

葡萄牙海员是最早与暹罗建立联系的欧洲人之一，他们在暹罗的影响力使他们获得了优质的河景房产。在1787年，一支葡萄牙特遣队横渡河到如今唐人街被称为塔拉诺伊（Talat Noi）的地区时，这片土地便被封赐给了他们，他们在这里建造了这座圣玫瑰堂，泰语称之为Wat Kalawan，源自葡萄牙语的“Calvario”（各各他山）。（Holy Rosary Church; วัดแม่พระลูกประคำกาลหว่าร์; Th Yotha和Soi Charoen Phanit交叉路口; 泰语弥撒 周一至周六 19:30，周日 8:00，10:00和19:30; Marine Department Pier）

帕乎叻

街区

9 见82页地图，C2

许多南亚商人在曼谷规模不大却熙熙攘攘的小印度开店，从宝莱坞的电

街边摊的休息日

大多数曼谷的街边小吃摊都会在周一关门，所以这一天就别想着能去唐人街大吃一顿了，因为那里大多数食物都是街边小吃。

影到女性额前的装饰，热情洋溢的小商贩出售的东西一应俱全。这里特别适合悠闲漫步，偶尔停下来享用一杯玛萨拉茶和一份旁遮普甜食。最热闹的区域在没有路标的Soi ATM沿街，这条小街就在**India Emporium**（⊙10:00~22:00）大型购物中心旁边。（Phahurat; พาหุรัด; Th Chakkaraphet; ⊙9:00~17:00; Saphan Phut/Memorial Bridge Pier, Pak Klong Taladd Pier）

就餐

Nay Hong 街头小吃 $

10 见82页地图，F1

能找到这个简陋的小餐馆最大的奖励，就是全曼谷最棒的炒面——gǒo·ay đěe·o kôo·a gài（用蒜油炒宽河粉、鸡肉和鸡蛋）。这里没有英文菜单，也没有英文招牌，如果想找到这里，需要从Th Supa和Th Luang的街角向北走，然后右转进入第一条横街，就在狭窄的小巷的尽头。（紧邻Th Yukol 2，无英文招牌；主菜 35~50B；⊙16:00~22:00；Ratchawong Pier, Ⓜ Hua Lamphong地铁站1出口，转乘出租车）

80/20 各国风味 $$

11 见82页地图，G6

不要简单把这里叫融合菜。80/20擅长采纳和混合泰式和西式的食材和菜肴，从而达到自成一派的风格。可口的甜点由日本糕点师监制，专为这个来一趟都值得。在保守的唐人街，这里可算一股前卫的清流。（☎02 639 1135; www.facebook.com/8020bkk; 1052-1054 Th Charoen Krung; 主菜 240B起；⊙周三至周一 18:00至午夜；❄；Ratchawong Pier, Ⓜ Hua Lamphong 地铁站1出口）

Khun Yah Cuisine 泰国菜 $

12 见82页地图，G4

这家店选址精心，适合金佛寺观光后坐下来吃顿午饭，美味的泰国中部咖喱、开胃小菜、炒菜和面条是这里的专长。一定要早点儿到，因为到了中午很多菜就卖完了。这里没有英文招牌（也没有英文菜单），位于金佛以东，在同一个院子内。（紧邻Th Mittaphap Thai-China，主菜40B起；⊙周一至周五 6:00~13:30；Ratchawong Pier, Ⓜ Hua Lamphong地铁站1出口）

Fou de Joie 法国菜 $$

13 见82页地图，G5

在这家复古的香港主题餐厅Fou de Joie就餐让你宛如进入了王家卫的电影。甚至比那还棒，这里能吃到法式薄饼和芝士拼盘，更不用说楼上的烧烤，在电影场景里你可吃不到这么超值的大餐。（☎085 527 3511; 831 Soi 31, Th

Charoen Krung; 主菜 200B起; ⊙周三至周日 18:00至午夜; ❄; ⛴Ratchawong Pier, Ⓜ Hua Lamphong 地铁站1出口)

Hoon Kuang

中国菜 $$

14 见82页地图, E3

这家低调的店铺开着令人舒适的冷气，长期以来一直供应着唐人街的街头美食。招牌菜就画在门上，别错过咖喱虾河粉，这道独创菜式将中国菜和泰国菜相结合——咖喱蟹和爆炒河粉，尝过后让你不禁疑惑为什么早不这么吃？(381 Th Yaowarat; 主菜 90~240B; ⊙周一至周六 11:00~19:45; ❄; ⛴Ratchawong Pier, Ⓜ Hua Lamphong 地铁站1出口，转乘出租车)

Thanon Phadungdao Seafood Stalls

街头小吃 $$

15 见82页地图, F3

太阳下山后，这里的两家互相打对台的露天餐馆——各自坚持自己才是正牌的，把整条街变成乱哄哄的露天烤肉区。这里有大声叫喊的员工、一盘盘冷冻海鲜和摆在人行道上的座椅。虽然这里的食客大多数是外国旅客，但这丝毫不影响欢快的氛围、有趣的体验和便宜的账单。(Th Phadungdao和Th Yaowarat交叉路口; 主菜 100~600B; ⊙周二至周日 16:00至午夜; ⛴Ratchawong Pier, Ⓜ Hua Lamphong 地铁站1出口，转乘出租车)

露天美食，唐人街

中国的影响

在很多方面，曼谷不单单是一座泰国城市，也是一座中国化的城市。自从曼谷建城之初就一直伴有华人的身影，那时候Thonburi Si Mahasamut还只不过是一个湄南河边的中国贸易哨所。在18世纪80年代，拉玛一世在这里建设首都期间，雇用了客家人、潮汕人等华人作为劳力。这些劳动者和企业家最后被安置到了Yaowarat和Sampeng区域，也就是今天所说的曼谷唐人街。

商业的根基

在拉玛一世在位期间，很多华人都得到了财富和地位。他们控制着曼谷很多的店面和生意，因为与中国日益增长的商业往来，这些人急剧扩大了泰国的市场经济规模。19世纪20年代的欧洲游客被湄南河华人贸易船只的数量所震惊，以至于有人以为曼谷的主要人口是由华人组成的。

新兴贵族

某些华商家族发家致富，成为泰国第一个与皇室没有直接关系的精英阶层。这些“商业大亨”被称为jówso·a，最终通过加官进爵取得了额外的社会地位，其中不乏有人将女儿许配给皇室。比如，拉玛五世就迎娶了一位华裔妃子。今天，有人认为曼谷有一半以上的人可以声称自己有或多或少的中国血统。

文化一体化

在拉玛三世掌权期间，曼谷开始吸收很多中国美食、设计、时尚和文学等元素。在20世纪初，中国文化已非常普遍，再加上华人男性与泰国女性通婚并融入泰国文化的趋势，使得华人与他们的暹罗手足之间相差无几。

Royal India 印度菜 $$

16 见82页地图，C2

是的，我们很清楚这家简陋的小餐馆从一开始就收录在我们每个版本的指南当中，但是经过这些年，它依旧是曼谷小印度最值得信赖的餐馆。别忘了尝一尝美味的饼或浓郁的咖喱，更别忘了吃完后来一碗自制的旁遮普甜品。（392/1 Th Chakkaraphet；主菜 135~220B；10:00~22:00；；Saphan Phut/Memorial Bridge Pier，Pak Klong Taladd Pier）

Old Siam Plaza 甜点 $

17 见82页地图，C2

喜爱甜食的旅行者千万不要错过曼谷美食之旅上的这一站。这家设在购物中心一楼的糖果乐园里有许多传统的泰式甜点和小吃，多数都在你面前现场制作。（Th Phahurat和Th Triphet交叉路口；主菜 30~90B；10:00~19:00；；

Saphan Phut/Memorial Bridge Pier, Pak Klong Taladd Pier)

Samsara

日本菜、泰国菜 $$

18 见82页地图, F4

Samsara结合了泰式和日式菜肴、比利时啤酒和精心打造的复古感，算得上是全唐人街最博采众长的餐馆。非常美味的菜肴、河畔不断迎面吹来的习习凉风和优美的河景使整个体验物超所值。这里位于狭窄的Soi Khang Wat Pathum Khongkha路最顶端，就在同名寺庙的的西边。(Soi Khang Wat Pathum Khongkha; 主菜 110~320B; 周二至周四 16:00至午夜，周五至周日 至次日1:00; ; Ratchawong Pier, Hua Lamphong地铁站1出口，转乘出租车)

饮品

Tep Bar

酒吧

19 见82页地图, G3

我们根本没有想到在唐人街能找到这么精致还这么有趣的酒吧。Tep有现代又带少许泰国风情的室内装潢，美味的招牌鸡尾酒，泰式下酒小菜，如果周五到周日来，还有喧嚣的泰国现场音乐表演。(www.facebook.com/tepbar; 69-71 Soi Nana; 周二至周日 17:00至午夜; Hua Lamphong地铁站1出口)

Ba Hao

酒吧

20 见82页地图, G3

迄今为止，这个位于Soi Nana的装修成中国风的复古店屋并没有多少原创内容。不过精酿啤酒、创意鸡尾酒和出色的中式下酒小菜让这里脱颖而出。不要错过配着红烧牛腩、香菜和煎蛋的煎饼。(八号; www.ba-hao.com; 8 Soi Nana; 周二至周日 18:00至午夜; Ratchawong Pier, Hua Lamphong地铁站1出口)

Pijiu Bar

酒吧

这个酒吧位于Ba Hao旁边(见20 82页地图, G3)，风格宛如西部世界遇到上海滩，虽然新开张不久，却给人一股经典的感觉，这里的重头戏是啤酒，有四个精酿啤酒的酒头，不过更令人兴奋的要数什锦熏肉组成的熟食拼盘(300B)，这些熏肉可是从唐人街最好的卖家采购的。(啤酒吧; www.facebook.com/pijiubar; 16 Soi Nana; 周二至周日 17:00至午夜; Ratchawong Pier, Hua Lamphong地铁站1出口)

Teens of Thailand

酒吧

这里估计是唐人街Soi Nana最潮的酒吧了(见19 82页地图, G3)。你需要挤进窄小的木门才能进入这个翻新过的店屋，店屋好似充满艺术气息的仓库，时髦的调酒师会调制创意杜松子鸡尾酒，还有一架估计没怎么被人弹过的立式钢琴。(76 Soi Nana; 周二至周日 19:00至午夜; Hua Lamphong地铁站1出口)

El Chiringuito

酒吧

21 见82页地图, G3

可以来这家复古感觉的酒吧享用桑格里亚酒、西班牙杜松子酒和酒吧小吃，或者欣赏循环艺术展。营业时间不

固定，在出发前应打电话确认或查看酒吧的Facebook主页。(☎086 340 4791; www.facebook.com/elchiringuitobangkok; 221 Soi Nana; ⊙周四至周日 18:00至午夜; MHua Lamphong地铁站1出口)

River Vibe 酒吧

22 见82页地图，F5

曼谷高档屋顶酒吧那些定价过高的鸡尾酒让你无力承受？从这家客栈的楼顶看到的优美河景不会让你有退而求其次的感觉。不过我们建议在别处吃饭。[River View Guesthouse 9楼（8th fl），紧邻Soi Charoen Phanit; ⊙19:30~23:00; Marine Department Pier, MHua Lamphong地铁站1出口，转乘出租车]

娱乐

SoulBar 现场音乐

23 见82页地图，G5

虽然这个场地以及周边的街区都不太能让人联系到现场音乐，不过这间改造过的店屋几乎每晚9点都会举办布鲁斯、爵士和灵魂乐的现场演出。(www.facebook.com/livesoulbarbangkok; 945 Th Charoen Krung; ⊙周二至周日 19:00至午夜; Marine Department Pier, MHua Lamphong地铁站1出口)

Sala Chalermkrung 剧院

24 见82页地图，C1

这栋装饰艺术风格的建筑是曼谷

Sala Chalermkrung剧场的kŏhn表演（一种泰国传统歌舞剧）

SERGI REBOREDO/ALAMY STOCK PHOTO ©

的一个地标，前身是一座始于1933年的电影院，如今是所剩无几的可以观赏kŏhn（带着面具的舞蹈剧，剧情基于拉玛坚，也就是印度史诗罗摩衍那的泰国版）的场所之一。激光图案、高科技音响和英语字幕为这里的传统泰国舞蹈戏剧增光添彩。还举办音乐会和其他活动，可在网站了解详情。（☎02 224 4499; www.salachalermkrung.com; 66 Th Charoen Krung; 门票 800~1200B; ⏲演出时间 周四和周五 19:30; ⛴Saphan Phut/Memorial Bridge Pier; Ⓜ Hua Lamphong地铁站1出口，转乘出租车）

Soy Sauce Factory 艺术中心

25 ✪ 见82页地图，G6

这里曾是一家酱油工厂，后来被改造成了艺术馆/会场/酒吧/摄影工作室……甭管是什么，可以去他们的Facebook页面了解一下这个充满艺术气息的开放式场所正在举办什么活动，从这里也能感受到曼谷唐人街正在经历什么样的变化。（www.facebook.com/soysaucefactory; Soi 24, Th Charoen Krung; ⏲周二至周日 10:00~19:00; Ⓜ Hua Lamphong地铁站1出口）

步行游览

唐人街的后巷

窄如铅笔的后巷、无人问津的寺庙、藏形匿影的宅邸以及被人遗忘的街区，在曼谷唐人街的河畔多如牛毛。

线路信息

起点 圣玫瑰堂；Tha Si Phraya/River City

终点 Tha Ratchawong；Tha Ratchawong

距离 3公里；2~3小时

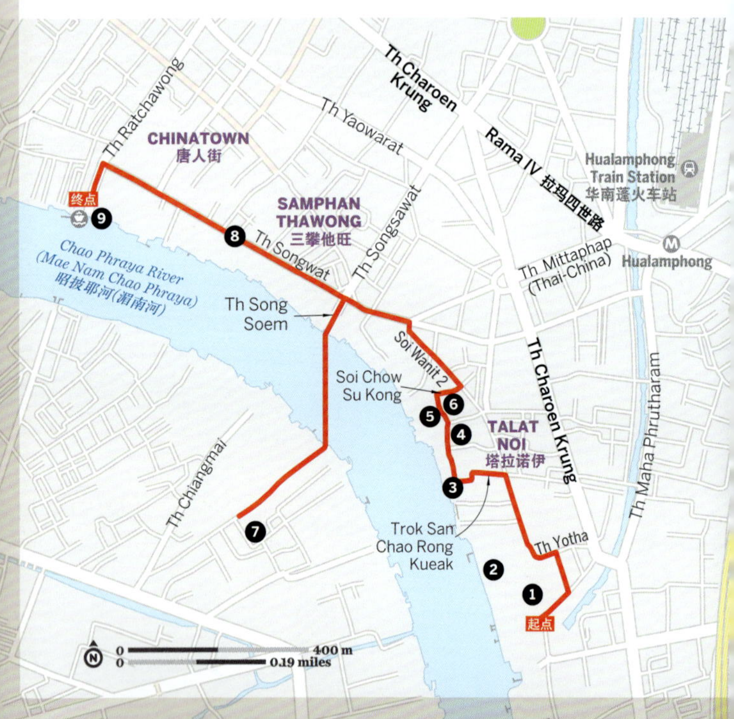

❶ 圣玫瑰堂

将**圣玫瑰堂**作为你的起点，这座教堂最早于1787年建在泰国国王赏赐给葡萄牙天主教徒的一片土地上。泰国名字是Wat Kalawan，源自葡萄牙语的"Calvario"，即各各他山——耶稣被钉在十字架上的地方。现在这座教堂是1898年修建的。

❷ 暹罗商业银行

沿着Th Wanit 2往北走；下一处建筑群便是**暹罗商业银行**（Siam Commercial Bank），泰国第一家国内银行，始于1910年。

❸ San Chao Rong Kueak

走过Marine Department，然后在Trok San Chao Rong Kueak左转。这条巷子走到头就能看到同名的**中式庙**，那是一处静僻的场所，可以欣赏到美丽的河景。

❹ Jao Sua Son故居

接着沿着河滨路走。在第一个路口左转然后往北走。你右手边有一座墙围的中式院落**Jao Sua Son**，上一任主人是一名华裔"商业大亨"。如今这间宅子是一所潜水学校。

❺ 三教寺

接着向北走，走过一颗巨大的榕树。然后向左走到下一个路口再沿着通往河的路走；这样你就能走到**三教寺**了，这是一座大型中式寺庙，除了一年一度的素食节，平时这里很安静。

❻ 塔拉诺伊

从北边离开寺庙，右转进入Soi Chow Su Kong，然后左转进入Soi Wanit 2；你现在就位于**塔拉诺伊**（Talat Noi，ตลาดน้อย；见82页地图，F5；紧邻Th Charoen Krung；⌚7:00~19:00；⛴Marine Department Pier）密密麻麻的店屋和库房中。

❼ 龙莲寺

向右转到Th Phanurangsi，然后左转到Th Songwat。往北走一小段，然后左转到Th Song Soem；在这条小巷走到头有一个很小的没有标记的码头。从这个码头乘坐过河渡船（5B，5:00~21:00）到**龙莲寺**，在该寺西边你可以看到一个半封闭的中式院落。

❽ 松哇路

折回靠近曼谷的那一边，然后沿着**松哇路**那摇摇欲坠的河边库房和店屋往西走。

❾ Ratchawong Pier

向左转到Th Ratchawong，在这里你可以到达同名**码头**，也是你旅途的终点。

SIAM DISCOVERY
mercure HOTEL

暹罗广场、水门市场、奔集和拉差里威

(Siam Square, Pratunam, Phloen Chit & Ratchathewi)

高层商场和永不关门的市场让暹罗广场、水门市场、奔集成为曼谷的商业区。如果你对购物很认真，不如挑选一个好时间把手中的泰铢都花在这里。而在拉差里威可以体验到曼谷更郊区的那一面。

不要错过吉姆·汤普森故居(见96页)。然后去七层楼高的大商场MBK Center(见109页)，在MBK Food Island(见103页)吃一顿午饭。穿过Sky Walk来到四面佛(见102页)，还可以在沿途的各式商店继续"买买买"。至于晚饭，去美食广场的Gaa(见103页)饱餐一顿，也可以在Sra Bua by Kiin Kiin(见106页)吃一顿新式泰餐。

到达和当地交通

BTS轻轨在暹罗的换乘站让这个喧闹的区域成为现代曼谷的中心。就在几个街区外，拉差里威的景点距离胜利纪念碑的BTS车站只需步行几分钟，几小时就能逛完。

S BTS 到暹罗广场、水门市场和奔集：Siam、National Stadium、Chit Lom、Phloen Chit、Ratchadamri。到拉差里威：Ratchathewi、Phaya Thai、Victory Monument。

运河渡船 到暹罗广场、水门市场和奔集：Sapan Hua Chang Pier、Pratunam Pier、Wireless Pier。到拉差里威：Pratunam Pier。

区域地图见98页

Siam Discovery(见109页) | VIEWFINDER/SHUTTERSTOCK ©

顶级景点

吉姆·汤普森故居(Jim Thompson House)

在1952年，也就是美国商人吉姆·汤普森单枪匹马将泰国丝绸变成一桩可以成功出口的贸易12年后，他买下了这片Khlong Saen Saeb旁边的土地，并在上面建造了一座房屋。不过，这可不是一般的老房子。汤普森对泰国一切的热爱让他购买了6座传统的木制房屋，并把这些木屋重新盖在了自己的花园里。

见98页地图，A2

เรือนไทยจิมทอมป์สัน

www.jimthompsonhouse.com

6 Soi Kasem San 2

成人/学生 150/100B

9:00~18:00，每20分钟有强制导览游

运河渡船至Sapan Hua Chang Pier，National Stadium BTS轻轨站1出口

屋子

汤普森将6座泰式建筑进行了改造以让屋子变得更大，其中每个房间都有一个更适应西方人的功能。另一个与传统背道而驰的是，汤普森将每面墙的外侧面向房屋内部。有些房子是从昔日的大城王朝首都搬运过来的；有些则是拆掉后，通过运河从Baan Khrua浮在水面上运过来的。

汤普森的艺术收藏

在主屋展示着汤普森的亚洲艺术收藏，虽然不多却很精彩：藏品包括稀有的中国瓷器以及缅甸、柬埔寨和泰国的手工艺品。汤普森眼光特别独到，他的藏品看起来不那么华丽，却很迷人，比如一个19世纪制作的像家一样的老鼠迷宫。

院落

导览游后，一定要四处转转这里如丛林般的花园，包括一座池塘，水里全是异域风情的鱼。院内还有一间咖啡馆和一家贩卖吉姆汤普森牌丝绸的商店。

吉姆·汤普森艺术中心

建筑群内还有一间**吉姆·汤普森艺术中心**（Jim Thompson Art Center; ⏲9:00~20:00），这座博物馆会在旋转展台上展出运用各种媒介的艺术品，最近一次展览的展品来自金棕榈奖得主、泰国电影人——阿比查邦·魏拉希沙可（Apichatpong Weerasethakul）。

想更深入了解吉姆·汤普森，见101页。

★ 独家贴士

- 来这里要当心在汤普森故居外徘徊的、衣着光鲜的揽客者。他们会告诉你汤普森故居已经关闭，然后尝试带你去疯狂购物。
- 这里只能通过导览游的方式游览，导览游语言包括中文、英语、法语、日语和泰语。
- 当你进入任何建筑物后都不可以再拍照。

✕ 吃喝落脚点

这个建筑群内还有**Thompson Bar & Restaurant**（www.jimthompsonrestaurant.com；主菜 160~480B；⏲11:00~17:00和18:00~22:00；❄ 🖉；Ⓢ National Stadium BTS轻轨站2出口），供应有点高档的泰餐。或者，你也可以前往市内最好的美食广场之一MBK Food Island（见103页）吃到实惠的泰国美食。

Th Phetchaburi
Th Phayathai
Soi 13
Soi 15
Soi 17
23
26
Ratchathewi
Soi 12
Soi 18
Baan Khrua
班克鲁阿
2
Jim Thompson House
吉姆·汤普森故居
YELO House
4
Sapan Hua Chang Pier
Khlong Saen Saeb
Pantip Plaza
19
Sra Pathum Palace
Bangkok Art & Culture Centre
曼谷艺术和文化中心
Soi Kasem San 2
Soi Kasem San 1
24
33
10
Rama I
1
28
31
National Stadium
6 Sea Life Ocean World
水生物海洋世界
National Stadium Sporting Precinct
国家体育场运动区
Lido
Siam
Scala
29
Soi 1
Soi 2
Soi 3
Soi 4
Soi 5
Soi 6
30
18
Rama I
拉玛一世路
Soi 7
17
16
9
SIAM SQUARE
暹罗广场
Soi Chulalongkorn 64
Th Chulalongkorn
Th Henri Dunant
Jamjuree Art Gallery
加居里艺术画廊
8
Chulalongkorn University
朱拉隆功大学
Royal Bangkok Sports Club
皇家曼谷运动俱乐部
PATHUMWAN
详细介绍请见
顶级景点 96页
景点 100页
就餐 103页
饮品 106页
娱乐 108页
购物 109页
0 500 m
0 0.25 miles
A B C D
1 2 3 4 5 6

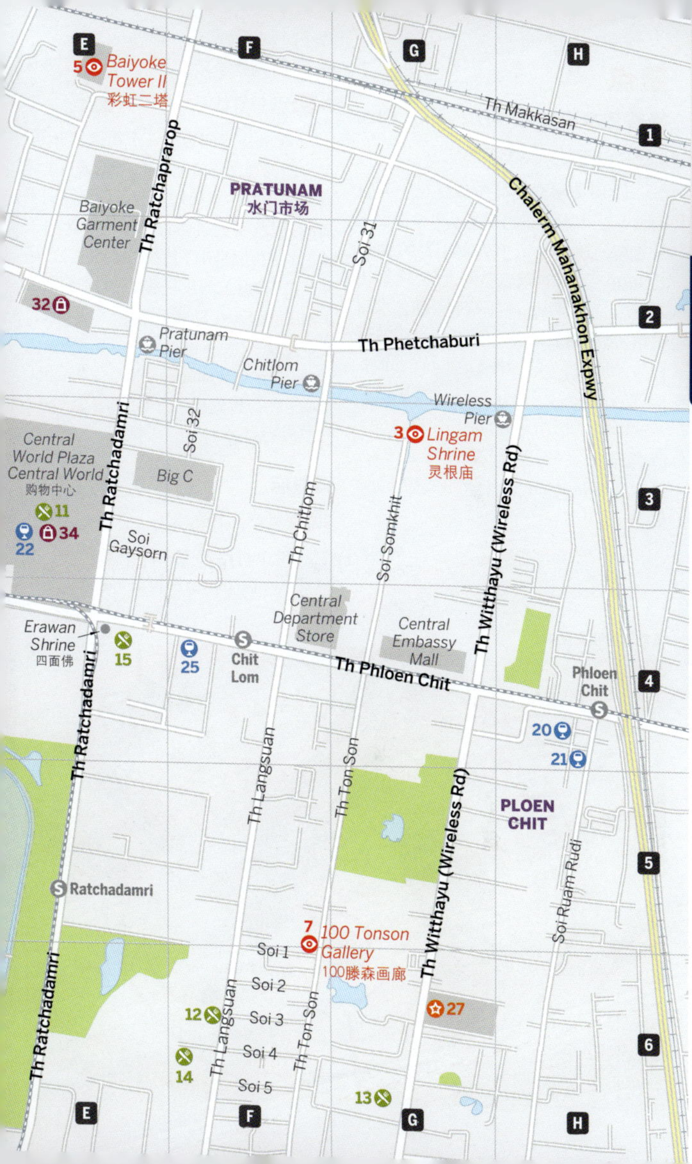

E F G H

1 2 3 4 5 6

5 Baiyoke Tower II 彩虹二塔

Th Makkasan

Th Ratchaprarop

PRATUNAM
水门市场

Baiyoke Garment Center

Soi 31

Chalerm Mahanakhon Expwy

32

Pratunam Pier

Th Phetchaburi

Chitlom Pier

Wireless Pier

3 Lingam Shrine 灵根庙

Central World Plaza
Central World 购物中心

11
22 34

Th Ratchadamri

Soi 32

Big C

Soi Gaysorn

Th Chitlom

Soi Somkhit

Th Witthayu (Wireless Rd)

Central Department Store

Central Embassy Mall

Erawan Shrine 四面佛

15

25

Chit Lom

Th Phloen Chit

Phloen Chit

20

21

Th Langsuan

Th Ton Son

PLOEN CHIT

Ratchadamri

Soi Ruam Rudi

7 100 Tonson Gallery 100滕森画廊

Soi 1

Soi 2

Soi 3

Soi 4

Soi 5

12

14

27

13

景点

曼谷艺术和文化中心 美术馆

1 见98页地图，B3

这座大型现代建筑恰好位于曼谷的市中心，在曼谷的当代艺术界是地位比较重要的地点之一。在跨越3层楼、面积达3000平方米的展览空间之外，这里还有商店、私人画廊、咖啡馆和一间艺术图书馆。欲知最新的展览信息，可以访问他们的官网。（Bangkok Art & Culture Centre; BACC; หอศิลปวัฒนธรรมแห่งกรุงเทพมหานคร; www.bacc.or.th; Th Phayathai和Th Phra Ram I交叉路口；免费；⏲周二至周六 10:00~21:00；S National Stadium BTS轻轨站3出口）

班克鲁阿 街区

2 见98页地图，A2

这里是运河边的一个街区，其历史可追溯到动荡的18世纪末，当时来自柬埔寨和越南的占族穆斯林为新的泰国国王而战，因此受封了新首都以东的这块土地。这些移民带来了传统的丝织工艺，后来居民们为了与河流联系得更紧密而修建了Khlong Saen Saeb，这个街区也发展壮大了起来。（Baan Khrua; บ้านครัว; 运河渡船至Sapan Hua Chang Pier，S Ratchathewi BTS轻轨站1出口，National Stadium BTS轻轨站1出口）

灵根庙 纪念碑

3 见98页地图，G3

每个村落都有一座当地神庙。不过这间立满男根的灵根庙可不多见，它

曼谷艺术和文化中心

DAVID BOKUCHAVA/SHUTTERSTOCK ©

吉姆·汤普森，真汉子

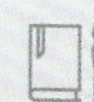

吉姆·汤普森于1906年在美国特拉华州出生，第二次世界大战期间曾在泰国供职于美国中央情报局。1947年他在市场里看到一些丝绸，有人告诉他这些丝绸来自Baan Khrua村，他便这样找到了曼谷唯一一个还在手工纺织丝绸的地方。

汤普森的泰国丝绸最终吸引了来自纽约、米兰、伦敦和巴黎的时装店，逐渐在世界上建立了稳定的客源，而这种技艺就在汤普森到来的几年前几近失传。

1967年，泰国丝绸的年度销售额达到了150万美元，同年3月，汤普森在马来西亚西部的金马伦高原（Cameron Highlands）午后外出散步后离奇失踪；他商业成功、具有间谍背景、妹妹也于同一年遭人杀害，这一切让他的消失成为世界之谜。汤普森从此渺无音讯，引发了各种阴谋论猜测，元凶到底是间谍，还是商界对手？抑或是命丧虎口？尽管这一谜团至今仍未解开，但美国记者约瑟华·格兰志（Joshua Kurlantzick）在其描写汤普森的书《理想男人》（*The Ideal Man*）中提出，汤普森晚年高调积极的反美态度可能导致他成为美国中央情报局潜在的镇压目标。

隐藏在Swissôtel Nai Lert Park的职工宿舍后方。面对着Swissôtel的正门时，沿着向右的蜿蜒混凝土小路可以到达停车场旁边建筑的内部，灵根庙就在运河边上的建筑尽头。(Lingam Shrine; ศาลเจ้าแม่ทับทิม; Swissôtel Nai Lert Park, Th Witthayu/Wireless Rd; 免费; ⏲24小时; 运河渡船至Wireless Pier, S Phloen Chit BTS轻轨站1出口)

YELO House 美术馆

4 见98页地图，B2

一个美术馆？古着市场？共享工作空间？咖啡馆/餐厅？YELO House虽然酷炫，可是人们很难定义它。所以我们不妨采用官网的说法：这里是一个为创意人士准备的多功能空间。从实用角度来说，这意味着这里可以买到中古衣服和陶瓷、可以观看最新的展览，也可以在运河边的咖啡馆享用一杯浓缩咖啡。（www.yelohouse.com; 20/2 Soi Kasem San 1; ⏲周二至周日 11:00~20:00）

彩虹二塔 知名建筑

5 见98页地图，E1

彩虹二塔的俗气感和高度旗鼓相当，这里是曼谷的最高建筑（即将被一座预计2021年竣工的摩天大楼超过）。穿过一条装饰着外星人和星球（还播放着《星球大战》主题曲）的走廊往上走，即可走上85层（84th-floor）的露天旋转台，俯瞰一望无际的钢筋混凝土森林。（Baiyoke Tower II; ตึกใบหยก ๒; 22 Th Ratchaprarop; 300B; ⏲9:00~23:00; 运河渡船至Pratunam Pier）

拜访四面佛

人们对曼谷旅游一个熟知的印象便是位于**四面佛**（Erawan Shrine, ศาลพระพรหม; 见98页地图, E4; Th Ratchadamri和Th Phloen Chit交叉路口; 免费; ⌚6:00~23:00; Ⓢ Chit Lom BTS轻轨站8出口）前的经典泰国舞蹈，这间寺庙位于君悦酒店（Grand Hyatt Erawan）对面。如泰国很多其他事情一样，这里平静的背后有很多不为人知的秘密。

他信垮台

50年来四面佛基本上与大家相安无事，直到2006年3月21日，这里成为焦点，一个人用锤子毁坏了寺庙。这次事件成为针对当时的总理他信·西那瓦（Thaksin Shinawatra）抗议运动的导火索。第二天，在一次集会上，一位抗议领袖暗示是他信策划了毁坏寺庙，以便用"黑暗力量"取而代之。后来这里安置了一座新雕像，而他信于2006年被赶下台，自2008年以来一直流亡海外。

红衫军

在2010年，Ratchaprasong的交叉路口，也就是寺庙所在地，成为红衫反政府抗议者的集合场所。在奢侈品店前露营的乡下示威者的照片成为媒体的热点。当5月19日军队强行驱逐"红衫军"时，有5人丧生。

"封锁曼谷"抗议活动

三年后，Ratchaprasong十字路口再次成为抗议的地点，这次被他信的妹妹，即当时的总理英拉·西那瓦（Yingluck Shinawatra）的反对者占领。这次，在时尚商场门前的中上层阶级抗议者的媒体照片与其说对比鲜明，倒不如说有很多相似之处。2014年5月20日，泰国皇家军队接管政府，抗议者最终解散。

恐怖主义行为

该寺历史上最重要的事件发生于2015年8月17日晚上，当时一颗安置在寺庙里的炸弹发生爆炸，造成20人死亡，120多人受伤。两名嫌犯被捕，他们的动机仍不明确，也尚未作出判决。

水生物海洋世界 水族馆

6 ⊙ 见98页地图，D3

这座庞大的地下设施中居住着超过400种鱼类、甲壳类动物，甚至还有企鹅。如果你有潜水执照，与鲨鱼潜水（收费）也是一种选择，还有喂鲨鱼和喂企鹅项目，但请注意，动物福利团体认为与圈养动物的互动会给它们带来压力。（Sea Life Ocean World; www.sealifebang

kok.com; 地下层, Siam Paragon, 991/1 Rama I; 成人/儿童 490/350B起; ⏲10:00~21:00; Ⓢ Siam BTS轻轨站3出口和5出口)

100滕森画廊

画廊

7 见98页地图, F5

100滕森画廊位于一幢空间很大的别墅内, 是公认的曼谷顶级商业画廊之一, 举办多种国内外艺术家的当代展览, 涵盖各种流派。(100 Tonson Gallery; www.100tonsongallery.com; 100 Th Ton Son; 免费; ⏲周二至周日 11:00~19:00; Ⓢ Chit Lom BTS轻轨站4出口)

加居里艺术画廊

画廊

8 见98页地图, A5

这间画廊隶属于朱拉隆功大学艺术系, 着重展出新晋学生艺术家以现代精神为主题且色彩鲜明的抽象作品。(Jamjuree Art Gallery; หอศิลป์จามจุรี; www.chamchuriartgallery.chula.ac.th; Jamjuree Bldg, Chulalongkorn University, Th Phayathai; 免费; ⏲周一至周五 10:00~19:00, 周六、日 11:00~18:00; Ⓢ Siam BTS轻轨站2出口, 转乘出租车)

就餐

MBK Food Island

泰国菜 $

9 见98页地图, B4

这里的数十个摊位出售非常便宜又美味的泰式地方菜、各国风味佳肴, 甚至还有素食, MBK Food Island是当之无愧的曼谷美食广场鼻祖。[MBK Center 7楼(6th fl), Rama I和Th Phayathai交叉路口; 主菜 35~150B; ⏲10:00~21:00; ❄ ✍; Ⓢ National Stadium轻轨站4出口]

Nuer Koo

中国菜 $

10 见98页地图, C3

这是否就是面条摊贩未来的发展趋势呢? 开在购物中心里的Nuer Koo将原本平凡的牛肉面做成了豪华版。你可以自选牛肉(包括日本的神户牛肉), 然后尽情享受香浓的面汤和空调的凉爽, 把从前的吃面经历迅速抛诸脑后。[Siam Paragon 5楼(4th fl), 991/1 Th Phra Ram I; 主菜85~970B; ⏲11:30~21:15; ❄; Ⓢ Siam BTS轻轨站3出口和5出口]

鼎泰丰

中国菜 $$

11 见98页地图, E3

这是一家备受称赞的中国台湾连锁店, 在中国大陆也有很多连锁店, 大多数人都是冲着小笼包来的, 不过其他中国菜也一样好吃, 菜单上比较冷门的菜式也值得一尝。[Din Tai Fung; Central World 8楼(7th fl), Th Ratchadamri; 主菜65~350B; ⏲11:00~22:00; ❄ ✍; Ⓢ Chit Lom BTS轻轨站9出口至Sky Walk, Siam BTS轻轨站6出口至Sky Walk]

Gaa

各国风味 $$$

12 见98页地图, F6

这家店屋被涂成了鲜艳的黄色和粉色, 位于Gaggan(见104页)对面, 现在由Gaggan前主厨Garima Arora接管, 她曾在哥本哈根著名的餐厅Noma磨炼自己厨艺。这里主打印度和泰国经典美食, 并通过现代厨艺改良, 可以选择菜单上的品味套餐，套餐由8至12道精美菜肴组成。强烈建议来之前预订座位。(☎091 419 2424; www.gaabkk.com; 68/4 Soi Langsuan; 套餐 1800~2400B; ⏰18:00~21:30; ❄; S Ratchadamri BTS轻轨站)

Saneh Jaan

泰国菜 $$$

13 见98页地图，G6

Saneh Jaan虽然是一家新餐厅，却给人一股老派的感觉，菜单上尽是令人好奇、与众不同，而且美味的泰国菜，其中很多都带有泰国南部风味。价格则反映出了就餐区半正式的氛围，好在量很足。(☎02 650 9880; www.facebook.com/sanehjaan; Glasshouse at Sindhorn, 130~132 Th Witthayu/Wireless Rd; 午餐套餐 690B，主菜 320~780B; ⏰11:30~14:00和18:00~22:00)

泰式牛肉粉

MAN OF STOCKER CITY/SHUTTERSTOCK ©

Gaggan

印度菜 $$$

14 见98页地图，F6

Gaggan位于一座翻新过的白色别墅内，与其说是可以品尝到自称为“前卫印度菜”的餐厅，不如说这里看上去更像是英国主题的茶馆，不过这里最大的特点就是违和感。这里的套餐菜单最多有10道菜，有大胆(raita丸子)也有传统(非常棒的印度烤鸡)，味道鲜明，同时还有难以捉摸却令人满足的惊喜。必须预订座位。(☎02 652 1700; www.eatatgaggan.com; 68/1 Th Langsuan; 套餐 5000B; ⏰18:00~23:00; ❄ ✍; S Ratchadamri BTS轻轨站2出口)

Erawan Tea Room

泰国菜 $$

15 见98页地图，E4

大号椅子、全景窗户和各种热饮使这里成为曼谷最适合读书看报的地方之一。长长的泰餐菜单可能还会鼓励你待久一点，果酱和茶叶可以单买带走，让你足不出户也能做出同样的味道。[3楼(2nd fl), Erawan Bangkok, 494 Th Phloen Chit; 主菜 180~640B; ⏰10:00~22:00; ❄ ✍; S Chit Lom BTS轻轨站8出口]

Somtam Nua

泰国菜 $

16 见98页地图，C4

这里的味道虽然比不上街边摊，也不如街边摊正宗，不过如果你是约人见面，这里是个还不错的地方，开着空调，环境也很时尚，可以尝到泰国东北部美食。晚餐时间经常会排队。(392/14 Soi 5, Siam Sq; 主菜 75~120B; ⏰10:45~21:30; ❄; S Siam BTS轻轨站4出口)

曼谷美食

地理位置、来自宫廷的影响以及华人和穆斯林等少数群体都对当地美食有所贡献。

泰国中部菜

泰国中部人喜甜，很多菜都会加入淡水鱼、猪肉、椰子和椰糖。泰国中部的小吃，尤其是曼谷的泰国中部小吃，有不少海鲜。经典中部菜包括yam lah dùk foo（碎鲶鱼炒辣椒和花生，再配上甜酸芒果酱）和gaang sôm（海鲜、蔬菜或药草熬成的酸味浓汤）。

泰国宫廷菜

近300年来，曼谷的皇家宫廷一直在改良泰国中部美食，并对这个城市的厨房产生了重要影响。虽然以前只有在宫里才可以吃到，但这些所谓的“皇家”泰式菜肴现在遍布全市。Mèe gròrp便是一道经久不衰的宫廷菜，即传统脆面配上酸甜酱。

中式泰国菜

很有可能正是中国南方移民向泰国引进了炒锅和几种面条。他们还以其他方式影响了曼谷的美食：由于汉传佛教禁止吃“大型”动物，曼谷基本上不怎么吃牛肉。也许最常见的泰国中餐就是海南鸡饭（kôw man gài）了。

穆斯林泰国菜

人们认为穆斯林首次造访泰国是在14世纪末。他们带来了以肉类和干香料为主的菜肴。一些穆斯林菜肴，例如roh·đee（类似于印度paratha的炸面包）几乎还保持着当时的模样。另外，比如浓香的咖喱màt·sà·màn，则是将泰国和印度或中东的食材和烹饪风格结合起来的独特美食。

Coca Suki

中国菜、泰国菜 $$

17 见98页地图，D4

餐馆很受泰国家庭的欢迎，端到你面前的sù·gêe是热气腾腾的火锅汤底加上新鲜的供涮制的食材。Coca是最早开始做这道菜的餐厅之一。这家分店是这个品牌的现代化尝试。小贴士：如果钟爱香料味道，可以要浓郁的冬阴功汤底。

（416/3-8 Th Henri Dunant；主菜 100~800B；11:00~23:00；Siam BTS轻轨站6出口）

Koko

泰国菜 $$

18 见98页地图，C4

无论你是不是素食者，这家咖啡馆般的家常餐厅都很适合你，这里的

实惠美食

位于商场内的美食广场的食物不仅便宜、卫生，还有英语菜单，而且越来越有特色和吸引力。我们最喜欢的是：

MBK Food Island（见103页）最实惠也最好吃。

Eathai（www.facebook.com/EathaibyCentral；Central Embassy Mall 地下层，1031 Th Phloen Chit；主菜 60~360B；⊙10:00~22:00；❄✍；S Phloen Chit BTS轻轨站5出口）你可以在这里找到很多"著名"小吃摊和餐厅的分店。

Food Republic[大食代；Siam Center5楼（4th fl），Rama I和Th Phayathai交叉路口；主菜 30~200B；⊙10:00~22:00；❄✍；S Siam BTS轻轨站1出口]位于Siam Center（见109页），这里估计是曼谷最吸引人的美食广场了。

FoodPark[Big C 5楼（4th fl），97/11 Th Ratchadamri；主菜 30~90B；⊙9:00~21:00；❄；S Chit Lom BTS轻轨站9出口至Sky Walk]这是一个为泰国人准备的泰式美食广场。

菜单上拥有长长的素食部分，也有短小精悍的泰式肉食菜谱。比如槟城咖喱配鲜嫩的猪肉，或炸鱼配泰国香草。（262/2 Soi 3，Siam Sq；主菜 75~250B；⊙11:00~21:00；❄✍；S Siam BTS轻轨站2出口）

Sra Bua by Kiin Kiin 泰国菜 $$$

19 见98页地图，D3

Sra Bua由一名泰国人和一名丹麦人联合掌厨经营。这位丹麦人在哥本哈根所开的餐馆Kiin Kiin荣获米其林星级餐厅的称号。Sra Bua运用相对国际化的手法处理泰国食物。这对夫妇将本地食材通过分子食物烹调法进行分解与组合，创造出新奇的泰国菜肴，如"椰汁鸡汤雪，配蘑菇与腌柠檬"。[☎02 162 9000；www.kempinski.com/en/bangkok/siam-hotel/dining，Siam Kempinski Hotel 1楼（ground fl），991/9 off Rama I；主菜 550~890B，套餐 1350~3100B；⊙中午至15:00和18:00~22:30；❄✍；S Siam BTS轻轨站3出口和5出口]

饮品

Hair of the Dog 酒吧

20 见98页地图，H4

几年前一股精酿啤酒风潮横扫曼谷，这间半隐蔽式酒吧就是那场风潮的缩影。这里装修风格像是太平间，摆着几十瓶瓶装酒，还有13个可旋转的酒头，最适合度过一个古灵精怪的夜晚。（www.hairofthedogbkk.com；Mahathun Plaza 2楼，888/26 Th Phloen Chit；⊙17:00至午夜；S Phloen Chit BTS轻轨站2出口）

Hyde & Seek

酒吧

21 见98页地图，H4

Hyde & Seek的英式酒吧小吃和正餐对得起“美食酒吧”的称号。不过，我们认为食客们来这里的真正原因是：这里的酒类品种据说是曼谷存货最全的，并且这里的几款鸡尾酒也是曼谷最有水准的。[www.hydeandseek.com; Athenee Residence 1楼（ground fl），65/1 Soi Ruam Rudi; ⌚16:30至次日1:00; Ⓢ Phloen Chit BTS轻轨站4出口]

Red Sky

酒吧

22 见98页地图，E3

Red Sky坐落在曼谷中心现代摩天大楼的五十五层，是曼谷最令人惊叹的屋顶观景点之一。夸张的拱门和玻璃平面提供了比曼谷其他天台酒吧更高档的感觉。（www.centarahotelsresorts.com; 55th fl, Centara Grand, Central World, Th Ratchadamri; ⌚18:00至次日1:00; Ⓢ Chit Lom BTS轻轨站9出口至Sky Walk, Siam BTS轻轨站6出口至Sky Walk）

Co-Co Walk

酒吧

23 见98页地图，B2

这是一个喧嚣混乱的综合娱乐长廊，混合了小酒馆、酒吧以及享受夜生活的泰国大学生喜爱的现场音乐。我们本想在此列出几间酒吧，但是等你们看到这本书的时候，它们很可能早已改头换面了，这个地方的特点正是如此。

MBK Food Island（见103页）

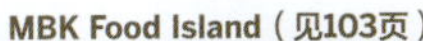

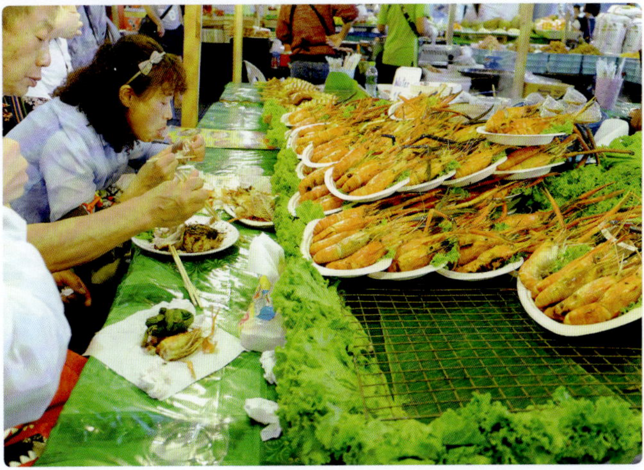

COACH BAS/SHUTTERSTOCK ©

暹罗广场的电影院

每座曼谷的商场都有电影院，不过很少能比得上**Paragon Cineplex**[☎02 129 4635; www.paragoncineplex.com; Siam Paragon 6楼(5th fl), 991/1 Rama I; Ⓢ Siam BTS轻轨站3出口和5出口]的电影院。这里有16个影厅，超过3000个座位，除了拥有全泰国最大的IMAX电影屏幕之外，可供客人选择的还有蓝丝带影厅(Blue Ribbon Screen)，一间只有72个座位，却可以使用枕头和毯子，还有食物和饮品赠送的影厅，当然，还带一个15分钟的按摩。此外Enigma也是不错的选择，这里除了有专为情侣设计的沙发般舒适的爱情专座外，也少不了贴心的食物和鸡尾酒(另外还有毯子和按摩)。

如果你想找一些不那么浮华、更有个性的影院，可以考虑街对面的老派独立影院，比如**Scala**(见98页地图, B3; ☎02 251 2861; Soi 1, Siam Sq; Ⓢ Siam BTS轻轨站2出口)和**Lido**(见98页地图, C3; ☎02 252 6498; www.apexsiam-square.com; Soi 2和Soi 3之间, Siam Sq; Ⓢ Siam BTS轻轨站2出口)。

欲知曼谷各影院放映时间，请访问moveedoo(www.moveedoo.com)。

Roof　酒吧

24 🍷 见98页地图, A3

除了能在25层楼顶俯瞰曼谷全景，Roof还配有专门的个人马天尼侍酒师，酒单上有各类葡萄酒和香槟。同建筑内1楼的Party House One几乎每晚都有现场音乐演出。(www.siamatsiam.com/dining/roof; 25th fl, Siam@Siam, 865 Rama I; ⏲18:00至次日0:30; Ⓢ National Stadium BTS轻轨站1出口)

Foreign Correspondents' Club of Thailand　酒吧

25 🍷 见98页地图, F4

这里是一家酒吧餐厅，同时还是全城报刊写手和摄影师的真正聚集场所，FCCT还举办过各类艺术展览，从新闻摄影到当代绘画(周五晚上还有现场爵士乐)。欲知最新活动请访问官网。(FCCT; www.fccthai.com; Penthouse, Maneeya Center, 518/5 Th Phloen Chit; ⏲周一至周五 中午至14:30和18:00至午夜; Ⓢ Chit Lom BTS轻轨站2出口)

娱乐

Rock Pub　现场音乐

26 ★ 见98页地图, B2

这里墙上贴着铁娘子乐队(Iron Maiden)的海报，人人都穿着黑色牛仔裤留着长发，这家历史悠久的现场音乐酒吧形状宛如洞穴，是泰国重金属乐的非官方大使馆。(www.facebook.com/

therockpub; 93/26-28 Th Phayathai; ⌚19:00至次日1:00; Ⓢ Ratchathewi BTS轻轨站2出口)

Diplomat Bar 现场音乐

27 ✪ 见98页地图, G6

这里因为位于使馆区中心而得名，是少数几处本地人也会拜访的酒店休息区。酒单上有一系列独具创意的马天尼酒，你可以一边啜饮一边欣赏现场爵士乐，演奏很优雅，且不妨碍聊天。现场音乐周一至周四20:00开始，周五、六于20:30开始。[Conrad Hotel 1楼(ground fl), 87 Th Witthayu/Wireless Rd; ⌚周一至周四 19:00至次日1:00, 周五、六 至次日2:00; Ⓢ Phloen Chit BTS轻轨站5出口]

购物

Siam Discovery 购物中心

28 🔒 见98页地图, B3

这里环境开放，几乎像个市场，商品琳琅满目，无论是家居用品还是衣服(还包括很多泰国设计师品牌)应有尽有，最近翻新过的Siam Discovery当之无愧是曼谷最有设计感的商场之一。(www.siamdiscovery.co.th; Rama I和Th Phayathai交叉路口; ⌚10:00~22:00; Ⓢ Siam BTS轻轨站1出口)

MBK Center 购物中心

29 🔒 见98页地图, B3

这家8层楼的商场在曼谷顶级景点中占据一席之地。在任何一个周末，曼谷的半数人口(和大部分游客)会聚集在这里，穿梭于琳琅满目的小摊小店和小商品之间。(www.mbk-center.com; Rama I和Th Phayathai交叉路口; ⌚10:00~22:00; Ⓢ National Stadium BTS轻轨站4出口)

暹罗广场 购物中心

30 🔒 见98页地图, C4

这片露天的购物区域是曼谷青年文化的发源地。震耳欲聋的流行音乐从小小的音箱播放出来，一群群时尚达人穿着各种服饰快速往来于快餐店和小服装店间。这里绝对能找到其他地方找不到的服装品牌与设计，不过多数的剪裁都只适合纤瘦有腰的人。(Siam Square; Rama I; ⌚11:00~21:00; 🐾; Ⓢ Siam BTS轻轨站2、4和6出口)

Siam Center 购物中心

31 🔒 见98页地图, C3

Siam Center是泰国的第一家购物中心，建于1976年，不过近期刚完成翻新，几乎不显老态。4楼(3rd floor)

弄明白街名

曼谷街道的名字通常看起来难以发音，不一致的罗马字转写并没有起到多大作用。例如，Th Ratchadamri路有时拼写成“Rajdamri”。其中一个热门使馆区所在的街道，即能写成Wireless Rd也能写作Th Witthayu(wí·tá·yú, 即泰语“收音机”的意思)。

发掘独特的纪念品

曼谷的大商场全部被国际品牌占据，不过以下这些是可以考虑的独一无二的当地品牌：

The Selected[www.facebook.com/theselected; Siam Center 4楼（3rd fl），Rama I; ⏲10:00~21:00; Ⓢ Siam BTS轻轨站1出口]精心陈列的现代家居用品、小摆设、服装和配饰，基本上是泰国制造。

Karmakamet[www.karmakamet.co.th; CentralWorld 4楼（3rd fl），Th Ratchadamri; ⏲10:00~21:30; Ⓢ Chit Lom BTS轻轨站9出口至Sky Walk，Siam BTS轻轨站6出口至Sky Walk]该品牌下的香薰蜡烛、熏香、香薰精油和其他无论香不香的东西，既可以当作精美的家居用品，又是独一无二的纪念品。

it’s going green[Bangkok Art & Culture Center 1楼（ground fl），Th Phayathai和Rama I交叉路口；⏲10:30~20:00; Ⓢ National Stadium BTS轻轨站3出口]这家精品店可以买到泰国风情的家居用品、香皂，以及其他可以兼做特色纪念品的东西。

Objects of Desire Store[ODS; www.facebook.com/objectsofdesirestore; Siam Discovery 4楼（3rd fl），Rama I和Th Phayathai交叉路口；⏲10:00~22:00; Ⓢ Siam轻轨站1出口]这家露天精品店，主打设计精美的现代陶瓷、纸制品、家具和其他家居用品，其中大部分由泰国工匠制作。

是见识著名本地品牌的最佳去处之一，例如Food Republic（大食代，见106页），**Flynow III**[www.flynowiii.com; 4楼（3rd fl），⏲10:00~21:00]，Theatre和**Tango**[www.tangothailand.com; 4楼（3rd fl），⏲10:00~21:00]。（www.siamcenter.co.th; Rama I; ⏲10:00~21:00; Ⓢ Siam BTS轻轨站1出口）。

Platinum Fashion Mall　服装

32 🔒 见98页地图，E2

这家5层的商场与曼谷的服装区相连，后者就在北侧的Th Phetchaburi对面，商场里有琳琅满目的廉价无品牌服装。（www.platinumfashionmall.com; 644/3 Th Phetchaburi; ⏲9:00~20:00; ⛴运河渡船至Pratunam Pier，Ⓢ Ratchathewi BTS轻轨站4出口）

Siam Paragon　购物中心

33 🔒 见98页地图，C3

Siam Paragon既是一家购物中心，也是一座配备空调的城市公园，除了店铺，这里还有水生物海洋世界（Sea Life Ocean World; 见102页）、Paragon Cineplex电影院（见108页）和一个叫作**Gourmet Paradise**［Siam Paragon 1楼（ground fl），991/1 Rama I；主菜 35~500B；⏲10:00~21:00；❄📝；S Siam BTS轻轨站3和5出口］的巨大地下美食广场。位于4楼（3rd floor）的Kinokuniya是泰国规模最大的英文书店。（www.siamparagon.co.th；991/1 Rama I；⏲10:00~22:00；S Siam BTS轻轨站3和5出口）

Central World　　购物中心

34 🔒 见98页地图，E3

8层楼高、拥有500多间商铺和100间餐馆的Central World是东南亚最大的购物中心之一。这里除了有一个溜冰场之外，还有书店B2S的一家超级大的分店，而且单是闻一闻Karmakamet［4楼（3rd floor）］里的每种香气，都得花上1小时。（www.centralworld.co.th；Th Ratchadamri；⏲10:00~22:00；S Chit Lom BTS轻轨站9出口至Sky Walk，Siam BTS轻轨站6出口至Sky Walk）

胖有胖的活法

在国内，你可能只算微胖界的一员，甚至可以说是身材中等，不过到了泰国，你没准儿会吃惊地发现，自己需要穿标签上写着"XL"的衣服了。如果这样打击到了你对自己身材的认知，那干脆也别去街边市场了，那的衣服甚至更小。不过，如果想买正装，很多外国人都会选择裁缝定制，水门市场和MBK Center 8楼（7th fl）的几个店家都可以制作大码服装。

暹罗广场

PUMIDOL/SHUTTERSTOCK ©

步行游览

胜利纪念碑及周边

为了体验一个没有小贩、没有游客、没有商场（好吧，有一些商场，毕竟这是曼谷）的曼谷，可以搭乘BTS轻轨到胜利纪念碑周围的地区，你会看到那里平凡的泰国人和普普通通的日常生活，况且这里还有少数有价值的景点、优质的餐馆和好玩的酒吧。

线路信息

起点 苏安·帕凯德宫博物馆；Ⓢ Phaya Thai轻轨站4出口

终点 Wine Pub；Ⓢ Victory Monument轻轨站2出口

距离 3.8公里；2~3小时

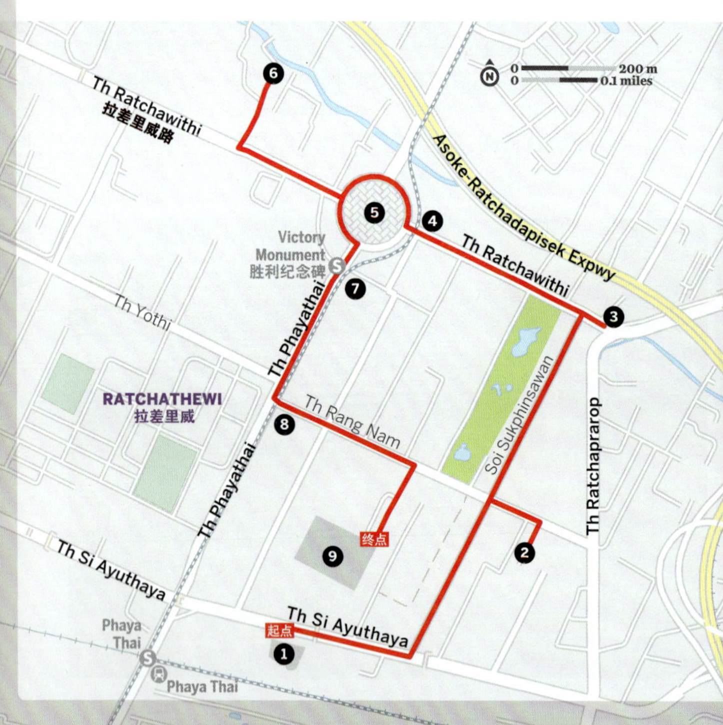

❶ 苏安·帕凯德宫博物馆

这处**原皇家居所**（Suan Pakkad Palace Museum，วังสวนผักกาด；Th Si Ayuthaya；100B；⏲9:00~16:00）由8间传统泰式木房子组成，吊脚建筑内展示着艺术品、古玩和家具。景观经过美化的庭院就像一片位于市区的宁静绿洲。

❷ Raintree

Raintree（Soi Ruam Chit；⏲周一至周六 18:00至次日1:00）是城里为数不多的还举办“生命之歌”（songs for life）表演的地方，这是一种源于20世纪60年代和70年代叛乱的泰国民谣。这里还有美味的酒吧小吃。

❸ Pathé

这家现代泰国餐厅宛如来自20世纪50年代的美国。**Pathé**（www.patherestaurant.com；507 Th Ratchawithi；主菜95~275B；⏲10:00至午夜）有实在的泰国菜、好玩的气氛，还有一个点唱机播放老旧的唱片。

❹ Fashion Mall

这里有廉价内衣、国内化妆品、假睫毛，还有整整一个区的假发——如果你想花不多的钱就可以打扮得像泰国大学生一样，来**Fashion Mall**（⏲10:30至午夜）准没错。

❺ 胜利纪念碑

胜利纪念碑（Victory Monument，อนุสาวรีย์ชัย；Th Ratchawithi和Th Phayathai交叉路口；⏲24小时）是当时的军政府于1941年建造的一座方尖碑，为了纪念1940年同老挝的一场战役。

❻ Toy

胜利纪念碑周围有许多简单的餐厅，出售辛辣、浓郁的“船面”——之所以这么叫，是因为曾经这种面条是在泰国中部河流和运河上的船只上直接贩售的。在这些餐厅中我们推荐**Toy**（Soi 18，Th Ratchawithi，无英文招牌；主菜15B起；⏲8:00~17:00）。

❼ Saxophone Pub & Restaurant

30多年来，**Saxophone**（www.saxophonepub.com；3/8 Th Phayathai；⏲19:30至次日1:30）依旧是曼谷最高级的现场音乐场地之一，这里灯光昏暗，气氛亲密，你的座位离乐队只有几米的距离。

❽ Sky Train Jazz Club

这家**俱乐部**（⏲17:00至次日2:00）与其说是一家爵士酒吧，更像是你“飞行员”朋友的公寓天台。但这正是其乐趣所在。要找到它，认准招牌，进入涂满涂鸦的楼梯，直到你爬上屋顶。

❾ Wine Pub

如果高档却令人放松的环境与DJ无法吸引你来**Wine Pub**[www.winepubbangkok.com；Pullman Bangkok King Power 2楼（1st fl），8/2 Th Rang Nam；⏲18:30至次日2:00]，那么这里还有曼谷最便宜的葡萄酒以及进口的芝士和冷切火腿。

ห้ามลงท่าเรือ
ยกเว้นผู้เช่าเรือ

河畔、是隆和蓝毗尼

（Riverside, Silom & Lumphini）

在这些相连的街区下，湄南河就像一片水汪汪的帷幕。河畔地区摇摇欲坠的建筑中依然能感受到历史，继续深入，就会发现繁忙而现代的是隆。是隆路（Th Silom）下段是曼谷的同性恋街区，沙吞路（Th Sathon）是宁静的使馆区，蓝毗尼则拥有曼谷中部最大的绿洲。

早上来蓝毗尼公园（见120页）。中午尝一下Kai Thort Jay Kee（见124页）著名的炸鸡，然后去马里安曼庙（Sri Mariamman Temple，见121页）。整个下午都在House of Chao（见131页）逛街。至于晚餐，可以考虑登上一座沿河的美食游轮。也可以去内陆的天台酒吧Moon Bar（见127页），来一杯鸡尾酒，然后再去nahm（见123页）吃晚饭。

到达和当地交通

河畔区域很适合人们行走在老建筑之间漫无目的地闲逛，Saphan Taksin BTS轻轨站就是个不错的起点。Sala Daeng BTS轻轨站和Si Lom MRT地铁站离是隆路下段很近，出了车站就可以直接去蓝毗尼或者附近的餐馆和景点。

S BTS轻轨 至河畔：Saphan Taksin。至是隆：Sala Daeng（换乘MRT Si Lom）。至蓝毗尼：Ratchadamri、Sala Daeng、Chong Nonsi和Surasak。

M 至是隆：Si Lom（在BTS轻轨站Sala Daeng换乘）。至蓝毗尼：Lumphini。

湄南河快船 至河畔：River City Pier、Si Phraya Pier、Oriental Pier和Sathon/Central Pier。至蓝毗尼：Sathon/Central Pier。

区域地图见118页

蓝毗尼公园（见120页） PATCHRA SUTTIVIRAT/SHUTTERSTOCK ©

步行游览

是隆同性恋游

是隆路的下段让开放的旧金山看起来就像是落后的得克萨斯州。这里不仅有成群的当地同性恋者和游客，还有少数按摩店和桑拿店，旁边的Duangthawee Plaza有非常直白的情趣表演，令人放松的露天酒吧位于Soi4，夜店位于Soi 2。

线路信息

起点 Telephone Pub; Ⓜ Si Lom MRT地铁站2出口，Ⓢ Sala Daeng BTS轻轨站1出口

终点 DJ Station; Ⓜ Si Lom MRT地铁站2出口，Ⓢ Sala Daeng BTS轻轨站1出口

距离 1公里；3~6小时

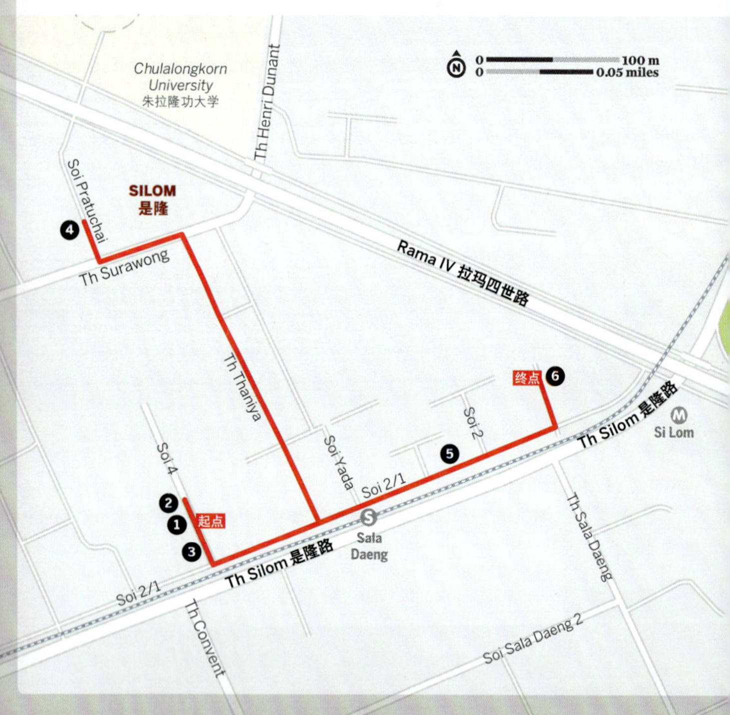

❶ Telephone Pub和Balcony

在Soi 4开始你的夜晚吧，这里可以说是曼谷同性恋气氛最浓郁的街道了。开满了同性恋商店、酒吧、夜店和餐馆。体验这一切的最佳地点，就是位于街边的老字号酒吧**Telephone Pub**（www.telephonepub.com; 114/11-13 Soi 4, Th Silom; ⏲18:00至次日1:00; 📶）以及街对面的**Balcony**（www.balconypub.com; 86-88 Soi 4, Th Silom; ⏲17:30至次日2:00; 📶）。

❷ The Stranger

The Stranger（www.facebook.com/thestrangerbar; Soi 4, Th Silom; ⏲17:45至次日2:00）估计是Soi 4最低调也是最精致的地方，周一、五、六晚上举行变装秀的时候除外。

❸ Banana Club on 4

这里有迷人的露天阳台，有闷热的拉着窗帘的酒廊，还有火辣的夜店，**Banana Bar**（114/17-18 Soi 4, Th Silom; ⏲19:00至次日2:00）适合来一次一步到位的同性恋狂欢夜。

❹ Duangthawee Plaza

觉得Soi 4附近的气氛有点太平淡？不妨来**Duangthawee Plaza**（Soi Twilight; Soi Pratuchai; ⏲19:00至次日1:00），这一带全是只准男性进入的情色酒吧（看看这些酒吧名字：Hot Male、Banana Bar、Dream Boy），这里就好比附近的Th Patpong，只不过是同性恋版本。这里可以看到姿色平平的年轻小伙子们俗气的情趣表演。

❺ White Rabbit

休息一下，恢复一下体力，或者干脆在这家同性恋氛围没那么高调的**咖啡馆酒吧**（12/3 Th Silom; ⏲11:00至次日1:00; 📶）坐坐。

❻ DJ Station

DJ Station（www.dj-station.com; 8/6-8 Soi 2, Th Silom; 入场费 150B起; ⏲22:00至次日2:00）是曼谷最具传奇色彩的同性恋舞厅。23:30来这里可以欣赏到卡巴莱表演，表演每夜都有，或者晚点来，到时候一屋子都是泰国同性恋名媛、男妓，还有西方人。这条小小的街道还挤着几家和这里类似的同性恋舞厅和酒吧。入场费150~300B。

A B C D

1 2 3 4 5 6

Rama IV
Rama IV 拉玛四世路
Th Charoen Krung
Th Maha Phrutharam
Phayathai–Bangkok Expwy
Th Maha Nakhon
TALAT NOI
塔拉诺伊
Sam Yan
Marine Department Pier
River City Pier
河畔码头
Si Phraya Pier
Th Si Phraya
Th Sap
Th Naret
BANGRAK
Soi 39
Soi 43
Soi 32
Bangkokian Museum
曼谷民俗博物馆
Neilson Hays Library
Th Surawong
Soi 1
Th Decho
Soi 20
Soi 26
Soi 30
Th Mahesak
是隆路
Thailand Creative & Design Center
泰国创意与设计中心
Old Customs House
老海关大楼
Sri Mariamman Temple
马里安曼庙
Kathmandu Photo Gallery
Th Silom
Th Pramuan
Th Pan
Oriental Pier
Soi40 (Soi Oriental)
Chao Phraya River (Mae Nam Chao Phraya)
昭披耶河(湄南河)
Soi 21
Th Surasak
Soi 19
Soi 12
Soi 10
Health Land
健康之地
Soi 44
Soi 46
Number 1 Gallery
Th Si Wiang
Saphan Taksin
沙吞路(北)
沙吞路(南)
Surasak
Th Sathon Neua (North)
Th Sathon Tai (South)
Soi St Louis 2
Soi St Louis 3
Sathon/Central Pier
沙吞中央码头
Soi 51
Sathorn Unique Tower
沙吞独特大楼

详细介绍请见	
景点	120页
就餐	123页
饮品	127页
娱乐	129页
购物	131页

0 500 m
0 0.25 miles

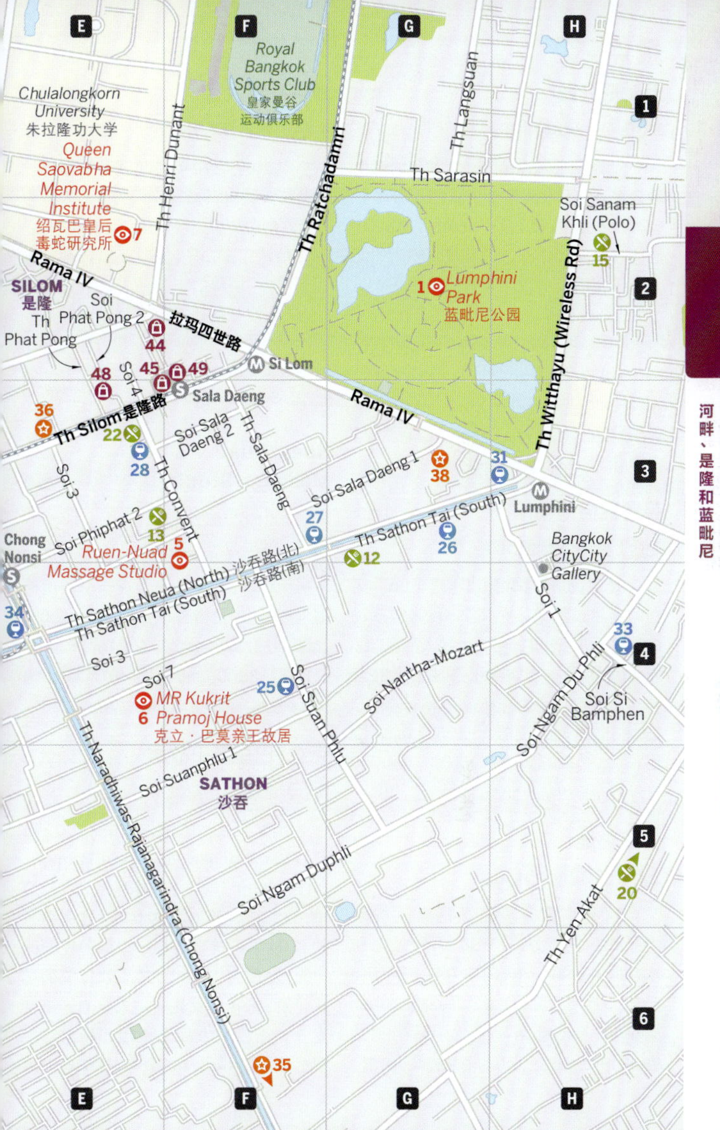
E
F
G
H
Royal Bangkok Sports Club
皇家曼谷运动俱乐部
Chulalongkorn University
朱拉隆功大学
Queen Saovabha Memorial Institute
绍瓦巴皇后毒蛇研究所
7
Th Henri Dunant
Th Ratchadamri
Th Langsuan
Th Sarasin
Soi Sanam Khli (Polo)
15
1
2
3
4
5
6
1 Lumphini Park
蓝毗尼公园
Th Witthayu (Wireless Rd)
Rama IV
拉玛四世路
SILOM
是隆
Soi Phat Pong 2
Th Phat Pong
44
45
49
48
Si Lom
Sala Daeng
Soi 4
36
Th Silom 是隆路
22
28
Soi Sala Daeng 2
Th Sala Daeng
Soi Sala Daeng 1
38
31
Lumphini
Soi 3
Th Convent
Soi Phiphat 2
13
Chong Nonsi
5 Ruen-Nuad Massage Studio
27
Th Sathon Tai (South)
26
12
沙吞路(北)
沙吞路(南)
Th Sathon Neua (North)
Th Sathon Tai (South)
Bangkok CityCity Gallery
Soi 1
34
33
Soi 3
Soi 7
6 MR Kukrit Pramoj House
克立・巴莫亲王故居
25
Soi Suan Phlu
Soi Nantha-Mozart
Soi Ngam Du Phli
Soi Si Bamphen
Th Naradhiwas Rajanagarindra (Chong Nonsi)
Soi Suanphlu 1
SATHON
沙吞
Soi Ngam Duphli
20
Th Yen Akat
35
河畔、是隆和蓝毗尼

景点

蓝毗尼公园

公园

1 见118页地图，G2

蓝毗尼公园以佛陀在尼泊尔的诞生地命名，是无须离开市区就能避开曼谷喧嚣的极佳场所。绿木成荫的小路、开阔的人工湖和修整过的草坪将吵闹的交通和笨重的混凝土建筑暂时隔绝在外。（Lumphini Park; สวนลุมพินี; Th Sarasin, Rama IV, Th Witthayu/Wireless Rd和Th Ratchadamri为界；4:30~21:00；；Lumphini MRT地铁站3出口，Si Lom MRT地铁站1出口，Sala Daeng BTS轻轨站3出口，Ratchadamri BTS轻轨站2出口）

曼谷民俗博物馆

博物馆

2 见118页地图，B3

曼谷民俗博物馆由3座建于20世纪初的老建筑组成，展示着一段常被忽视的曼谷历史。这里如同一个迷人的窗口，向大家展示一个如今正飞速消失的老曼谷。（Bangkokian Museum; พิพิธภัณฑ์ชาวบางกอก; 273 Soi 43, Th Charoen Krung；门票乐捐；周三至周日 10:00~16:00；Si Phraya/River City Pier）

健康之地

按摩

3 见118页地图，D4

这是一家经营已久的泰式按摩大品牌的主要分店，环境整洁，按摩和水疗服务物有所值，简单直接。（Health Land; 02 637 8883; www.healthlandspa.com; 120 Th Sathon Neua/North; 2小时按摩 550B；9:00~23:00；Surasak BTS轻轨站3出口）

沙吞独特大楼

知名建筑

4 见118页地图，B5

从20世纪90年代起就开始修建沙吞独特大楼，俗称鬼楼，因为当地人认为它所在的位置曾是块墓地。到了1997年，塔楼估计完工75%，同时亚洲金融危机达到顶峰，塔楼的施工随着撤资完全停止，从此便一直处于部分完工的状态。（Sathorn Unique Tower; Soi 51, Th Charoen Krung; Sathon/Central Pier, Saphan Taksin BTS轻轨站）

Ruen-Nuad Massage Studio

按摩

5 见118页地图，F3

这家迷人的按摩店位于一幢翻新的木房子中，摆脱了多数曼谷按摩场所的俗气和做作，价格也很合理。（02 632 2662; 42 Th Convent; 按摩每小时 350B; 10:00~21:00; Si Lom MRT地铁站2出口，Sala Daeng BTS轻轨站2出口）

克立·巴莫亲王故居

历史建筑

6 见118页地图，E4

作家兼政治家蒙拉查翁·克立·巴莫（Mom Ratchawong Kukrit Pramoj; 1911~1995年）曾居住在这座迷人的建筑里，现在该建筑对游客开放。这座居所的5座柚木建筑坐落在一个修剪整齐的花园里，游客们可以从中了解传统的泰式建筑、艺术以及其前主人克立亲王。克立亲王曾于1974年和1975年出任泰国总理，毕生著有150余本书籍，他前后一共花了20年的时间来装饰这个居所。（MR Kukrit Pramoj House; บ้านหม่อมราชวงศ์คึกฤทธิ์ปราโมช; ☎02 286 8185; Soi 7, Th Naradhiwas Rajanagarindra/Chong Nonsi; 成人/儿童 50/20B; ⏲10:00~16:00; S Chong Nonsi BTS轻轨站2出口）

绍瓦巴皇后毒蛇研究所 动物园

7 ◎ 见118页地图，E2

泰国的蛇园一般更注重娱乐性而非人道主义，而绍瓦巴皇后毒蛇研究所却是个例外。这个蛇园成立于1923年，致力于收集抗蛇毒血清。方法是挤出蛇毒，注射到马的体内，再从马身上萃取所产生的抗蛇毒血清，这些血清被用于治疗被毒蛇咬伤的人们。在露天剧场里定期有提取蛇毒（周一至周五11:00）和驯蛇表演（周一至周五14:30和周六与周日11:00）。（Queen Saovabha Memorial Institute; สถานเสาวภา, Snake Farm; Rama IV和Th Henri Dunant交叉路口; 成人/儿童 200/50B; ⏲周一至周五 9:30~15:30，周六和周日 至13:00; 👪; M Si Lom MRT地铁站1出口，S Sala Daeng BTS轻轨站3出口）

马里安曼庙 印度教寺庙

8 ◎ 见118页地图，C3

马里安曼印度教寺庙绚丽夺目，不同的色彩、形状和神明在这里碰撞汇聚，效果激动人心。寺庙由泰米尔移民在19世纪60年代修建，6米高的外立面上有五颜六色的印度神灵紧密相连。在寺庙中工作的大部分人来自印度次大陆，不过也能看到许多泰国人和华人信徒在此祈祷，因为在他们个人对宗教的理解中，印度教的神明地位同样重要。（Sri Mariam-

马里安曼庙（见本页）

是隆的艺术馆

是隆路上段有很多不错的曼谷艺术馆:

Kathmandu Photo Gallery（见118页地图，C4；www.kathmanduphotobkk.com；87 Th Pan；免费；⊙周二至周日 11:00~19:00；S Surasak BTS轻轨站3出口）曼谷唯一一个只展出摄影作品的艺术馆。

Bangkok CityCity Gallery（见118页地图，H4；☎083 087 2725；www.bangkokcitycity.com；13/3 Soi 1, Th Sathon Tai/South；免费；⊙周三至周日 13:00~19:00；M Lumphini MRT地铁站2出口）现代感十足的小型画廊，展出泰国国内波普艺术家的作品。偶尔还会有表演。

Number 1 Gallery（见118页地图，B4；www.number1gallery.com；19 Soi 21, Th Silom；免费；⊙周一至周六 10:00~19:00；S Surasak BTS轻轨站3出口）这家艺术馆相对新，展品来自泰国艺术家，很吸引眼球。

Gallery VER（☎02 103 4067；www.vergallery.com；10 Soi 22, Th Narathiwat Ratchanakharin/Chong Nonsi；免费；⊙周二至周日 中午至18:00；S Chong Nonsi BTS轻轨站2出口，转乘出租车）这片巨大的艺术空间内的展品来自泰国知名艺术家与新晋艺术家，有的作品颇具颠覆性。

man Temple；วัดพระศรีมหาอุมาเทวี/วัดแขก, Wat Phra Si Maha Umathewi；Th Silom和Th Pan交叉路口；免费；⊙周一至周四 6:00~20:00，周五 至21:00，周六、日 至20:30；S Surasak BTS轻轨站3出口）

Neilson Hays Library　图书馆

9 ◎ 见118页地图，C3

Neilson Hays是泰国最老的英文图书馆，其历史可追溯至1922年，今天依然是全曼谷最高品质的阅读场所，更何况还有空调。这里有很多不错的童书，也有不少关于泰国的书。（www.neilsonhayslibrary.com；195 Th Surawong；非会员 50B；⊙周二至周日 9:30~17:00；S Surasak BTS轻轨站3出口）

老海关大楼　历史建筑

10 ◎ 见118页地图，A3

泰国从前的海关大楼曾是通往这个国家的门户，向出入国门的商人征税。老海关建于19世纪90年代，由一位意大利建筑师设计；前门正对着滚滚财源（河流），宏伟的正面隆重地装饰着立柱和楣窗。（Old Customs House；กรมศุลกากร；Soi 36, Th Charoen Krung；⛴Oriental Pier）

泰国创意与设计中心 图书馆

11 见118页地图，B3

这处新建的“创意游乐场”占用了装饰艺术风格的邮政总局很大一部分。从实用角度来说，这里有侧重艺术与设计研究的图书馆、工作空间、画廊，还有咖啡馆，这里的一切仿佛都在求你发到社交网络上。非会员可以花100B买一张用来进入各个设施的一日通行证。（Thailand Creative & Design Center; TCDC, ศูนย์สร้างสรรค์งานออกแบบ; 02 105 7400; www.tcdc.or.th; 1160 Th Charoen Krung; 周二至周日 10:30~21:00）

就餐

nahm 泰国菜 $$$

12 见118页地图，G3

这是曼谷最顶级的泰国餐厅之一，如果你相信评论家的判断，它也是全世界数一数二的泰国餐厅。澳大利亚籍作家兼厨师大卫·汤普森（David Thompson）是这家餐厅背后的主脑。大卫做菜的灵感取自非常古老的食谱，他让已经绝迹的菜肴起死回生，例如，某些菜肴听起来就富有异国情调：“熏鱼咖喱煮虾、鸡肝、乌蛤、辣椒和黑胡椒”。[02 625 3388; www.comohotels.com; Metropolitan Hotel 1楼（ground fl），27 Th Sathon Tai/South; 午餐套餐 600~1600B，晚间套餐 2500B，主菜 310~800B; 周一至周五 正午至14:00，每天19:00~22:30; ; Lumphini MRT地铁站2出口]

Eat Me 各国风味 $$$

13 见118页地图，E3

这里的菜品描述是这样的：“炭烤玉兰菜和马苏里拉沙拉配腌柠檬和干式熟成西班牙牛肉干”，听起来好像什么都有，或许还有些做作，但是它们其实只是非常美味罢了。餐馆有种随意却精致的氛围，鸡尾酒很出色，酒单也很丰富，还有一些曼谷最好的甜点，因此这里是我们在曼谷最喜欢的餐厅之一。（02 238 0931; www.eatmerestaurant.com; Soi Phiphat 2; 主菜 300~1400B; 15:00至次日1:00; ; Si Lom MRT地铁站2出口，Sala Daeng BTS轻轨站2出口）

Muslim Restaurant 泰国菜 $

14 见118页地图，B4

随便找个木凳坐下，感受一下这家老字号餐馆，曾经曼谷的餐馆都像这里一样。菜单同店内装潢一样，在这里，70余年的营业期间并没有太多改变，印度香饭、咖喱还有三文鱼更多是受印度影响，而不是泰国。（1354-6 Th Charoen Krung; 主菜 40~140B; 6:30~17:30; Oriental Pier, Saphan Taksin BTS轻轨站1出口）

预订座位

如果你有很多朋友与你同行，或者你要去一家正式餐厅（包括酒店餐厅），那么建议你预订座位。周日的早午餐和美食游轮也同样建议你提前预订。除此之外，基本上在曼谷的任何餐厅都不会遇到订座问题。

街头美食的末日？

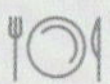

在2017年年中，有媒体报导曼谷将禁止街边出现小吃摊位和食品小贩。

这令当地人和旅行者既震惊又恐慌。泰国旅游局（TAT）立刻采取了补救手段，即便是泰国外交部都觉得有义务发表声明。过了几天，发布声明且负责监管街头摊贩的曼谷城市管理局（BMA）澄清称自己的话被断章取义，原意只是为了执行已有的法律法规。

曼谷预估有20,000家街头小吃摊，这对他们来说意味着什么？与泰国的许多事情一样，答案很难说清。截至我们发稿时，BMA已经在邦兰普和唐人街部署了一批人员执行这些规章制度，尚不明确对市内其他地方的街边摊有什么处理计划。目前似乎陷入僵局，但出于其他因素，例如个人发展等，曼谷一些最著名的路边美食已经消失了。有可能未来这座城市的街道会更干净，但却不那么美味了。

Kai Thort Jay Kee 泰国菜 $$

15 见118页地图，H2

这里从前是街头小吃摊，尽管青木瓜沙拉、糯米饭和肉末沙拉会给人一种泰国东北部餐馆的印象，但是以这家餐馆名字命名的酥炸禽肉其实更多地源于泰国南部。无论如何，这盘掩埋在一堆厚厚的酥炸大蒜下的美味，才是真正的曼谷体验。（Polo Fried Chicken; 137/1-3 Soi Sanam Khli/Polo; 主菜 50~350B; ⏲11:00~21:00; ❄; Ⓜ Lumphini MRT地铁站3出口）

Soi 10 Food Centres 泰国菜 $

16 见118页地图，D3

这是两座飞机库般的建筑，相互挨着，藏在Soi 10后，午餐时周围的上班族都会到这里用餐。在这里可以吃到南部风格的各类咖喱盖浇饭（kôw gaang，点菜时用手指）以及各种各样的泰式面条。（Soi 10, Th Silom; 主菜 20~60B; ⏲周一至周五 8:00~15:00; Ⓜ Si Lom MRT地铁站2出口，Ⓢ Sala Daeng BTS轻轨站1出口）

Never Ending Summer 泰国菜 $$$

17 见118页地图，A2

庸俗的店名配不上这家十分高雅的泰国餐厅，它位于河畔的一个老仓库里。你可以加入曼谷食客的大军一起大快朵颐老式的泰国菜，例如，用鱼肉、糖和油葱酥制成的干“调料”配切块的西瓜，或者加入猪肉和新鲜辣椒的香喷喷的绿咖喱。（☎02 861 0953; www.facebook.com/theneverendingsummer; 41/5 Th Charoen Nakhon; 主菜 200~1000B; ⏲11:00~23:00; ❄; ⛴从River City Pier乘坐跨河渡轮）

Chennai Kitchen 印度菜 $

18 见118页地图，C4

这间丁点儿大的夫妻档餐馆有全城数一数二的印度南部素食菜肴。长条的煎饼（dosai，一种酥脆的印度南部薄饼）是不会错的选择，如果不知道怎么选或者特别饿，可以选择香蕉叶套餐（thali），店里的每样菜几乎都包含在内。（107/4 Th Pan；主菜 70~150B；⏲10:00~15:00和18:00~21:30；❄✍；Ⓢ Surasak BTS轻轨站3出口）

Taling Pling

泰国菜 $$

19 见118页地图，C4

不要被浮夸的室内装修欺骗了。经营已久的Taling Pling仍在继续供应丰富多样、风味饱满的泰国家常菜。这里很适合初次品尝浓郁的泰国南部和中部菜肴，例如gaang kôoaa（蟹肉咖喱配野生槟榔叶），还有可口的派和蛋糕以及提神的饮品作为搭配。（Baan Silom, Soi 19, Th Silom；主菜 110~275B；⏲11:00~22:00；❄✍；Ⓢ Surasak BTS轻轨站3出口）

街头美食摊，是隆

Issaya Siamese Club

泰国菜 $$$

20 见118页地图，H5

Issaya就坐落在一幢富有魅力的20世纪20年代的别墅里，这家餐馆是泰国名厨Ian Kittichai在国内开的第一家供应自己祖国菜肴的餐馆。食物基本上分两大类，一类是带酱汁和肉类的菜肴，一类是用餐馆自家有机菜园里的食材制作的清淡菜肴。餐馆不太好找，最好乘出租车到Soi Ngam Du Phli。（☎02 672 9040；www.issaya.com；4 Soi Sri Aksorn；主菜 150~600B；⏲11:30~14:30和16:00~22:30；❄✍；Ⓜ Khlong Toei地铁站1出口，转乘出租车）

建兴酒家

中国菜 $$$

21 见118页地图，D3

建兴酒家是一间生意兴旺的海鲜大饭店，声名远扬，以曼谷最好吃的咖喱炒蟹著称。酱油蒸鲈鱼也是特色菜，和所有好吃的泰式海鲜一样，应该搭配超大份的炒饭，再尽量多找几个朋友一起享用。（建興酒家，Somboon Seafood；☎02 233 3104；www.somboonseafood.com；Th Surawong和Th Naradhiwas Rajanagarindra/Chong Nonsi交叉路口；主菜 120~900B；⏲16:00~23:00；❄；Ⓢ Chong Nonsi BTS轻轨站3出口）

Somtam Convent

泰国菜 $

22 见118页地图，E3

泰国东北菜在曼谷往往降格成马路边不太卫生的小摊，没有菜单，也没人会说英语。这家热门的老字号餐厅不会如此令人望而却步，在这里可以吃到

晚餐游轮

有几家公司运营着沿湄南河航行的美食游轮。票价1500~1700B。从River City Pier起航，路程2小时。有个地方可以一站式满足你乘坐晚餐游轮的所有需求，那就是**River City服务台**[River City Information Desk; www.rivercity.co.th; River City 1楼（ground fl），23 Th Yotha; ⏲10:00~22:00; ⛴Si Phraya/River City Pier，或从Sathon/Central Pier乘坐摆渡船]，在服务台可以买到以下公司的船票：

Grand Pearl（☎02 861 0255; www.grandpearlcruise.com; 游轮 2000B; ⏲游轮 19:30~21:30）

Chaophraya Cruise（☎02 541 5599; www.chaophrayacruise.com; 游轮 1700B; ⏲游轮 19:00~21:00）

Wan Fah（☎02 622 7657; www.wanfah.in.th; 游轮 1500B; ⏲游轮 19:00~21:00）

Chao Phraya Princess（☎02 860 3700; www.thaicruise.com; 游轮 1500B; ⏲游轮 19:00~21:30）

White Orchid（☎02 438 8228; www.whiteorchidrivercruise.com; 游轮 1400B; ⏲游轮 7:20~21:45）

Supanniga Cruise（☎02 714 7608; www.supannigacruise.com; 游轮 1250~3250B; ⏲游轮 16:45~17:45和18:15~20:30）

美味的肉末沙拉、青木瓜沙拉和其他伊森（Isan，泰国东北）美食。（'Hai'; 2/4-5 Th Convent; 主菜 60~160B; ⏲周一至周五 11:00~21:00，周六 至17:00; ❄; Ⓜ Si Lom MRT地铁站2出口，Ⓢ Sala Daeng BTS轻轨站2出口）

Bunker　　美国菜 $$$

23 见118页地图，D4

Bunker的菜单、氛围、高级鸡尾酒单和麻利的服务让你觉得身在曼哈顿，而非曼谷，用餐空间很大，一点也不挤。供应各类下酒小菜、拼盘和丰盛大餐，无论是素菜（苦苣洋姜沙拉）还是高品质肉菜（和牛肋排）应有尽有，特殊场合来这里准没错。（☎02 234 7749; www.bunkerbkk.com; 118/2 Soi 12, Th Sathon Nuea; 主菜 450~900B; ⏲17:30~23:00; Ⓢ Chong Nonsi BTS轻轨站3出口）

Le Normandie　　法国菜 $$$

24 见118页地图，A4

虽然如今的曼谷拥有许多高档的选择，但一直有Le Normandie的一席之地，并且这里至今仍然是唯一一个能真正体验老派“欧陆”正餐的地方。米其林星级客座厨师和一些世界上最奢华的食材让这里得到质量保证，需要穿正装（包括夹克）。需要提前预订。（☎02 659 9000；www.mandarinoriental.com；Mandarin Oriental，48 Soi 40/Oriental，Th Charoen Krung；主菜 2100~3300B；⏰周一至周六 中午至14:30和19:00~23:00，周日 19:00~23:00；❄；⛴Oriental Pier或从Sathon/Central Pier乘坐酒店摆渡船）

饮品

Smalls 酒吧

25 见118页地图，F4

尽管Smalls在2014年才开业，却像老字号的酒吧似的。室内装潢放肆而奢靡，屋顶很迷人，周三会举办食物派对和爵士乐演出。五花八门的特色鸡尾酒虽然甜却很烈，酒吧小吃有肉酱，还有油炸玉米粉饼。（www.facebook.com/smallsbkk；186/3 Soi Suan Phlu；⏰22:30至深夜；MLumphini MRT地铁站2出口，转乘出租车）

Moon Bar 酒吧

26 见118页地图，G3

在这间屋顶酒吧，只有一道低矮的护栏将人与62层楼之下的街道隔开，不免令人有点担心。Moon Bar位于悦榕庄酒店（Banyan Tree）的顶楼，是世界最高的露天酒吧之一。同时这里可以俯瞰到Phrapradaeng半岛，这是一片很大的绿地，俗称曼谷的绿肺。[www.banyantree.com；Banyan Tree Hotel 62楼（61st fl），21/100 Th Sathon Tai/South；⏰17:00至次日1:00；MLumphini MRT地铁站2出口]

Ceresia 咖啡馆

27 见118页地图，F3

终于，有一家当地烘焙工坊可以将我们从咖啡因枷锁中解救出来。最重要的是，这里拥有来自国内外的优质咖啡豆、精心准备的饮料和美味的糕点，Ceresia是不可替代的。[Tisco Tower 1楼（ground fl），48/2 Th Sathon Neua/North；⏰周一至周五 8:00~18:00，周六 9:00~18:00；MLumphini MRT地铁站2出口]

Vesper 酒吧

28 见118页地图，E3

这家酒吧餐厅给人一种看似古典的感觉，却是曼谷酒吧业中最新鲜的面孔。顾名思义，这里主打鸡尾酒，酒单包括几种失传已久的经典酒和混合酒，这些酒均在白橡木桶中进行六周的陈化。（www.vesperbar.co；10/15 Th Convent；⏰周一至周五 中午至14:30和18:00至次日1:00，周六 18:00至午夜，周日 中午至14:30；MSi Lom MRT地铁站2出口，SSala Daeng BTS轻轨站2出口）

Namsaah Bottling Trust 酒吧

29 见118页地图，D3

Namsaah处处不按常理出牌。从酒吧的所在地（把一座老宅邸粉刷成了大胆的艳粉色，再装饰出一种昏暗又适合交际的氛围）到鸡尾酒（经典款里有一两个小改动），以及酒吧小吃和菜肴，如鹅肝炒米粉，一切都别出心裁得恰到好处。（www.namsaah.com; 401 Soi 7, Th Silom; ⌚17:00至次日2:00; Ⓜ Si Lom MRT地铁站2出口，Ⓢ Sala Daeng BTS轻轨站2出口）

Maggie Choo's 酒吧

30 见118页地图，B4

酒吧的前身是一个银行金库，里面的氛围就像是唐人街的烟馆。秘密通道、穿着丝绸裙子懒洋洋躺在一旁的女子，看到这种景象会让人忘了这家Maggie Choo's其实是一家酒吧。唯有极富创意的甜味鸡尾酒、不断自拍的当地人和好奇游客组成的顾客会提醒你这真的是一家酒吧。（www.facebook.com/maggiechoos; Novotel Bangkok Fenix Silom 地下层，320 Th Silom; ⌚周日至周四 19:30至次日2:00，周五、六 至次日3:00; Ⓢ Surasak BTS轻轨站1出口）

Park Society 酒吧

31 见118页地图，H3

从这里俯瞰开阔葱翠的蓝毗尼公园，看到拔地而起的高楼大厦几乎将公园团团围住的景象，你会觉得曼谷几乎有那么一点儿像曼哈顿。Park Society那30层的高度和饮品价格也会让你想起纽约城，不过这里每个月都有促销活动。[Sofitel So 30楼（29th fl），2 Th Sathon Neua/North; ⌚17:00至次日2:00; Ⓜ Lumphini MRT地铁站2出口]

Sky Bar 酒吧

32 见118页地图，B4

走下好莱坞风格的台阶，就到了这家高悬于曼谷天际线和湄南河上方的酒吧。电影《宿醉2》（*The Hangover Part II*）的一些场景就是在这家一流天台酒吧拍摄的，景色令人叹为观止，不过昂贵的饮品和扎堆自拍的游客让这里只适合走马观花。[www.lebua.com; State Tower 64楼（63rd fl），1055 Th Silom; ⌚18:00至次日1:00; ⛴ Sathon/Central Pier, Ⓢ Saphan Taksin BTS轻轨站3出口]

Wong's Place 酒吧

33 见118页地图，H4

这个风尘仆仆的窝点宛如时光机器，带你回到20世纪80年代的背包客世界。与这家酒吧同名的店长几年前去世了，不过一位亲戚让这里重新开张，接手了Wong的事业。这里即可以作为旅行目的地，没处可去时也能来此待着，不过凌晨1:00以后就别敲门了，记住，这里直到最后一个人走了才打烊。（7/3 Soi Si Bamphen; ⌚周二至周日 21:00至深夜; Ⓜ Lumphini MRT地铁站1出口）

Cé La Vi 夜店

34 见118页地图，E4

Cé La Vi有多个酒吧、3家餐馆和2家夜店，在曼谷夜店行业里依然称得上是真正意义上的最大，不过必须要说明的是，有地方比这更精致。周五和周六晚上8点后需付门票300B。[www.bkk.celavi.com; Sathorn Sq Complex 39和40

楼(38th & 39th fl), 98 Th Sathon Neua/North; ⌚周一至周四 11:00至次日1:00，周五、六 至次日3:00; Ⓢ Chong Nonsi BTS轻轨站1出口]

娱乐

Tawandang German Brewery 现场音乐

35 ✪ 见118页地图，F6

在这家飞机库大小的音乐酒吧内，顾客每天都可以感受到慕尼黑十月啤酒节的气氛。泰式德国食物很美味，酒吧自酿的啤酒很爽口，夜晚的舞台表演充满了乐趣，人人放声欢唱。酒吧内的音乐每天晚上8:30奏响。(www.tawandang.co.th; Rama III和Th Narathiwat Ratchanakharin/Chong Nonsi交叉路口; ⌚17:00至次日1:00; Ⓢ Chong Nonsi BTS轻轨站2出口，转乘出租车)

Bamboo Bar 现场音乐

文华东方酒店(见24 ✪ 118页地图，A4)的Bamboo Bar已营业了60余年。如今它依然是在曼谷欣赏爵士现场演出的绝佳地点之一。全球各地的爵士名伶都会来这儿演出，欲知详细阵容，请访问官网，表演在每晚9:00开始。[☎02 236 0400; 1楼(ground fl); ⌚周日至周二 17:00至次日1:00，周五、六 至次日2:00; ⛴Oriental Pier或者从Sathon/CentralPier乘坐酒店摆渡船]

Whiteline 酒吧

36 ✪ 见118页地图，E3

这个六层楼高的艺术空间由店屋改

Sky Bar

NIKADA/GETTY IMAGES ©

帕蓬：情色酒吧区的游客

看到这些霓虹招牌，你对帕蓬（Patpong）的主导行业就了然于心了，这里或许汇集了全世界最有伤风化的情色酒吧和上演“激情秀”的夜店。

源于“修养与恢复”

帕蓬实际上占据了曼谷金融区介于是隆路和Th Surawong之间的范围。这两条街都由泰籍华人帕蓬帕宁（Patpongpanich）家族所有，街区的名称也是这么来的。该家族于20世纪40年代买下了这片土地，一开始只铺建了Patpong Soi 1和街上的店屋，后来添加了Soi 2。“越战”期间，第一批酒吧和夜店在街上开张，主要供美军“休养与恢复”（R&R）。这条街的风貌和国际知名度在20世纪70年代快速崛起，并于80年代达至巅峰：泰国官方旅游活动将帕蓬的这种特殊“景点”作为旅游市场的支柱。

泰国性交易状况

性交易在泰国是非法的，但这里有多达200万名的性工作者，他们有男有女，绝大多数顾客是泰国男人。许多性工作者来自贫困的偏远地区，如泰国东北部的伊森，其他的则可能是赚取学费供自己读完大学的学生。社会学家认为，泰国人在看待性行为方面，比起西方人道德标准更低。但是，这并不意味着泰国的女性喜欢她们的丈夫嫖娼。直到近年来，通过教育和工作逐步获取了权利的女性们对这种普遍习以为常的做法进行了更加严厉的批判。

今日帕蓬

这些年来，帕蓬有些变柔和了。这得归功于大受欢迎的街头夜市，每天傍晚5点后，便会吸引不计其数的游客前来，变身为性主题乐园。这里仍然能看到许多典型的中年男子，色眯眯地盯着钢管舞女郎流口水，或坐在所谓的“口炮吧”的昏暗角落里，或支付“酒吧罚金”将女孩带去钟点酒店开房。但你身边也有大批全家出行的游客和普通旅行者，他们只是来这里凑热闹开眼界，满足一下好奇心罢了。

造而成，位于熙熙攘攘的是隆，人人都能享受这里的活动：电影、独立音乐会、当地艺术家的画展之夜，还有深夜狂欢派对。饮料就是简单的泰国啤酒和自酿烈酒，还有一些杰出的进口印度淡色艾尔啤酒（IPA）。欲知当晚活动，可以访问Facebook页面。（☎087 061 1117；www.facebook.com/whitelinebangkok；Soi 8, Th Silom；⏰周四至周日 19:00至午夜；Ⓜ Si Lom MRT地铁站2出口，Ⓢ Sala Daeng BTS轻轨站1出口）

Calypso Bangkok 卡巴莱

37 见118页地图，A6

这里位于河滨夜市（Asiatique），Calypso是可以观看变装卡巴莱表演的地方之一，这种表演的特色是变装或者变性演员。（02 688 1415；www.calypsocabaret.com；Asiatique，Soi 72-76，Th Charoen Krung；成人/儿童 900/600B；表演时间 20:15和21:45；从Sathon/Central Pier码头乘坐摆渡船）

Bangkok Screening Room 电影院

38 见118页地图，G3

曼谷有不少可以吸引游客的地方——好天气、精彩的酒吧、所向披靡的食物、低价位，不过很少有人把这里当作艺术天堂。而这家电影院正在试图通过放映独立电影的方式，一点点改变这一现状。欲知循环播放的电影列表，请访问官网，不过请做好心理准备，这些电影里可能有泰国电影新人的作品。

放映厅有一块银幕，50个座位，入场前可以领一瓶精酿啤酒，需要提前一天订票。（www.bkksr.com；8-9 Soi Sala Deang 1；M Si Lom MRT地铁站2出口，S Sala Daeng BTS轻轨站4出口）

Sala Rim Naam 剧院

39 见118页地图，A3

著名的文华东方酒店在吞武里河对面的一座豪华泰式亭阁里举办的晚餐剧场，票价远超平均水平，也反映出了酒店客户群的消费能力，不过演出很受好评。（02 437 3080；www.mandarinoriental.com/bangkok/fine-dining/sala-rim-naam；Mandarin Oriental Hotel，Soi 40/Oriental，Th Charoen Krung；门票成人/儿童 2000/1700B；晚餐和表演 20:15~21:30；Oriental Pier或从Sathon/Central Pier乘坐酒店摆渡船）

购物

河滨夜市 市场

40 见118页地图，A6

河滨夜市是曼谷人气较高的夜市之一，这里的商铺都是湄南河边的仓库，可以买到服装、手工艺品、纪念品，也有不少餐馆和酒吧。要前去这个市场，可以在16:00~23:30从Sathon/Central Pier码头乘坐班次频繁的免费摆渡船。（Asiatique；Soi 72-76，Th Charoen Krung；16:00~23:00；从Sathon/Central Pier乘坐摆渡船）

House of Chao 古玩

41 见118页地图，D3

这个3层的古董店本身就坐落在一座古老的店屋里，有着你幻想中殖民地时代楼房的一切装饰。最有意思的古董，要数陈列室后边有顶篷的区域里收藏的多扇被风化的门、门廊以及各种格子框架了。（9/1 Th Decho；9:30~19:00；S Chong Nonsi BTS轻轨站3出口）

Warehouse 30 家居用品

42 见118页地图，A3

曼谷的当下潮流似乎是将以前功利性的建筑摇身一变，变成既有艺术的精致感又不乏商业性的潮酷空间。Warehouse 30便是其中最新最棒的一家，这里位于一排第二次世界大战时期的库房里，有一家咖啡馆、一家高档花店，还有一家店贩卖精心陈列的古玩、本地产的家居用品和一些有机食材。（52-60 Soi 30, Th Charoen Krung; ⌚周一至周五 11:00~20:00，周六、日 10:00~21:00）

River City

古玩

43 🔒 见118页地图，A2

这家河畔商场的4楼（3rd floor）和5楼（4th floor）有几家高档的艺术品店和古玩店，不过跟曼谷许多古玩店一样，River City的多数物品都来自缅甸，还有少部分来自柬埔寨。从10:00~20:00，每30分钟有1班免费的摆渡船从Sathon/Central Pier出发，开往River City。（www.rivercity.co.th; 23 Th Yotha; ⌚10:00~22:00; ⛴Si Phraya/River City Pier，或者从Sathon/Central Pier乘坐摆渡船）

吉姆·汤普森

时尚和饰品

44 🔒 见118页地图，E2

作为现存的泰国丝绸在国际上的推广者，这家泰国最大的吉姆·汤普森商店继续经营着彩色丝绸垫布、手绢、披肩和靠垫的生意。产品的风格和图案更适合年龄偏大、品位偏保守的人士。（Jim Thompson; www.jimthompson.com; 9 Th Surawong; ⌚9:00~21:00; M Si Lom MRT地铁站2出口，S Sala Daeng BTS轻轨站3出口）

河滨夜市

小心假货

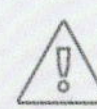

曼谷是生产和销售假货的发源地。虽然价格很诱人，不过一定要记住一分钱一分货的道理。

Tamnan Mingmuang

艺术和手工艺品

45 见118页地图，E3

你只要一踏入这间博物馆般的商店大门，干草和染色木头的泥土味便会扑鼻而来。你能在这买到精美的手工艺品：例如用藤条、yahnlí·pow（一种藤蕨）和水葫芦编织成的画，以及椰子壳雕刻成精致的碗，可比在街上买到的那些花哨纪念品更经久耐用。[Thaniya Plaza 3楼（2nd fl），Th Thaniya；⏲10:00~19:00；MSi Lom MRT地铁站2出口，SSala Daeng BTS轻轨站1出口]

Chiang Heng

家居用品

46 见118页地图，B4

你是否需要一个手打的不锈钢锅？或者一个需要手动操作的椰奶榨汁器？那么我们建议你拜访一下这里，这里是一家家庭运营的厨房用品商店，现在已传至第三代。就算你的橱柜已经满了，也可以来这里看一眼这种即将在曼谷消失的专卖店。这里没有英文招牌，认准蓝色的门。（1466 Th Charoen Krung；⏲10:30~19:00；Sathon/Central Pier，SSaphan Taksin BTS轻轨站3出口）

Thai Home Industries

艺术和手工艺品

47 见118页地图，B4

这里比起曼谷其他不知名手工艺品商店可有趣多了，这家寺庙般的建筑里能买到迷人的编织篮、纯棉衬衣、帅气的不锈钢餐具以及精致的珍珠母勺子。（35 Soi 40/Oriental，Th Charoen Krung；⏲周一至周六 9:00~18:30；Oriental Pier）

帕蓬夜市

礼品和纪念品

48 见118页地图，E3

在这个臭名昭著的地区，脱衣舞俱乐部和购物场所竞相争夺你的注意力。在这种非法勾当横行之处，山寨货（尤其是手表）大行其道，虽然周围的人群里不乏安分守己的家庭和循规蹈矩的夫妇。杀价要坚决，因为摊主的开价往往贵得离谱。（Patpong Night Market；Th Phat Phong和Soi Phat Phong 2；⏲18:00~午夜；MSi Lom MRT地铁站2出口，SSala Daeng BTS轻轨站1出口）

Everyday by Karmakamet

礼品和纪念品

49 见118页地图，F2

这里一部分是咖啡馆，其余部分则被用来展示同名品牌眼花缭乱的香熏蜡烛、熏香、精油和其他无论香还是不香的东西。Karmakamet可以说是绝佳的礼品店。（Soi Yada；⏲10:00~22:00；MSi Lom MRT地铁站2出口，SSala Daeng BTS轻轨站1出口）

步行游览

河畔建筑漫游

曼谷一般并不以其世俗建筑而闻名，但能与湄南河相媲美的道路Th Charoen Krung，会集了城里许多值得关注的建筑物。这片区域曾是全曼谷最大的外国“飞地”，至今仍然是许多曼谷穆斯林居民的家园。

线路信息

起点 Ⓢ Saphan Taksin BTS轻轨站

终点 Viva & Aviv; Tha Si Phraya/River City

距离 3公里; 2~3小时

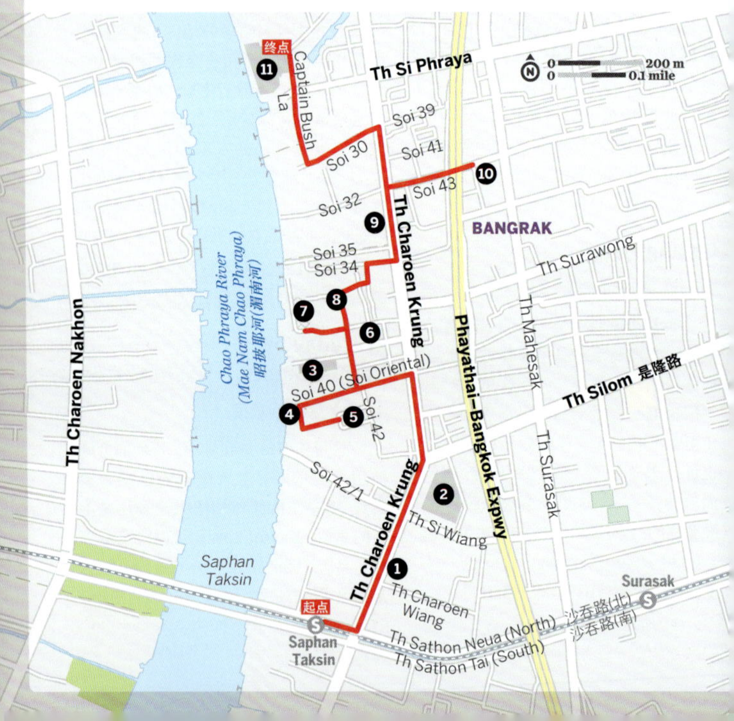

❶ 店屋(Shophouses)

从BTS轻轨站Saphan Taksin出发，沿着Th Charoen Krung往北走，穿过Th Charoen Wiang和是隆路之间**古老的店屋**。

❷ State Tower

这座雄伟而丑陋的新古典主义大厦**State Tower**位于是隆路角落。如果是下午，不妨去64楼(63rd floor)的**Sky Bar**[见118页地图，B4; www.lebua.com; State Tower 64楼(63rd fl), 1055 Th Silom; ⌚18:00至次日1:00]喝一杯。

❸ 曼谷文华东方酒店 (Mandarin Oriental)

左转至Soi 40，**文华东方**是曼谷最古老、楼层最高的酒店。1887年的原建筑如今是作家翼楼(Author's Wing)。

❹ 宝隆洋行 (East Asiatic Company)

文华东方酒店正门对面就是**宝隆洋行**那建于1901年的经典威尼斯风格的墙面。

❺ 圣母升天主教座堂 (Assumption Cathedral)

继续在连接两座建筑物的高架桥下走，一直走到砌着红砖的**圣母升天主教座堂**，这座教堂的历史可追溯到1909年。

❻ O.P.Place

回到Soi 40，然后在第一个路口往左转，你的右手边就是**O.P.Place**，建于1908年，曾是德资商场Falck & Beidek的所在地，如今是一个古玩商场。

❼ 老海关大楼 (Old Customs House)

走过法国大使馆的外墙然后往左转。朝河边走，你就能看到19世纪90年代的**老海关大楼**。

❽ 哈龙村(Haroon Village)

往回走，然后在写着"**Haroon Mosque**"的绿色路标下左转，你就到哈龙村了，这里是一个穆斯林聚居区。

❾ 邮政总局(General Post Office)

穿过哈龙村一直走到Soi 34，沿着这条路会回到Th Charoen Krung，左转过马路，你就能看到**邮政总局**，这栋装饰艺术风格的建筑刚刚经过翻新。

❿ 曼谷民俗博物馆

往东走至Soi 43，直到你看到**曼谷民俗博物馆**(Bangkokian Museum, พิพิธภัณฑ์ชาวบางกอก; 见118页地图，B3; 273 Soi 43, Th Charoen Krung; 门票乐捐; ⌚周三至周日 10:00~16:00)。该建筑群由3座古老的木制建筑组成。

⓫ Viva & Aviv

穿过Th Charoen Krung，进入Soi 30，然后沿着Captain Bush Lane一直走到River City，位于这里的河畔酒吧**Viva & Aviv**[www.vivaaviv.com; River City 1楼(ground fl), 23 Th Yotha; ⌚11:00至午夜]非常适合作为此次步行游览的终点。

Centre Point
ERMINAL21

素坤逸大街

（Thanon Sukhumvit）

用BTS轻轨站最容易定义素坤逸大街复杂的气质。素坤逸大街下段，尤其是Nana BTS轻轨站周边的区域，买春团和游客团相互混杂。素坤逸大街中段，即BTS Asok/MRT Sukhumvit周围，则由中档酒店、国际餐厅和跨国企业主宰。在Phrom Phong BTS轻轨站附近，你可以发现隐蔽的上流泰国院落和整洁的日本"飞地"。从Ekkamai BTS轻轨站向东延伸，给人感觉更乡下，也更泰国。

一天伊始，先逛逛空托伊市场（见140页），这里是曼谷中央最大最繁忙的市场。之后搭乘地铁去暹罗协会与坎添住宅博物馆（见140页）。在众多素坤逸国际餐厅中，选择在Nasir Al-Masri（见144页）来顿中东午餐。晚上去WTF（见146页）观摩艺术、品尝鸡尾酒。至于晚饭，可以考虑去Bo.lan（见144页）吃顿高级泰国美食。接着去The Living Room（见151页）欣赏现场音乐。

到达和当地交通

有多个BTS轻轨站沿素坤逸大街分布，乘轻轨到这里最方便。

S BTS轻轨 Nana，Asok（在Sukhumvit地铁站换乘），Phrom Phong，Thong Lo，Ekkamai，Phra Khanong，On Nut，Bang Chak，Punnawithi，Udom Suk，Bang Na和Bearing。

M 地铁 Queen Sirikit National Convention Centre，Sukhumvit（在Asok BTS轻轨站换乘）和Phetchaburi。

区域地图见138页

Terminal 21购物中心所在的素坤逸区（见153页） ADUMM76/SHUTTERSTOCK ©

Soi 3 (Nana)
Soi 5
Soi 7
Soi 11
Soi 13
Soi 15
Soi 21 (Asoke)
Soi 23
Soi Prasanmit
Soi Sawatd
Rajawongse
Nana
Yoga Elements Studio
Siam Society & Kamthieng House
暹罗协会与坎添住宅博物馆
Raja's Fashions
Chuvit Garden
Sukhumvit
Divana Massage & Spa
Asok
Soi 4
Soi 8
Soi 10
Soi 12
Soi 14
Soi 19
Soi 25
Soi 27
Soi 31
Soi 31/1
Soi 33
Soi 33/1
Tailor on Ten
Th Sukhumvit 素坤逸大街
Th Ratchadaphisek
Soi 16
Soi 18
Soi 20
Soi 22
Benjakiti Park 班嘉奇蒂公园
Lake Ratchada
Benjakiti Park 班嘉奇蒂公园
Benjasiri Park
Emporium
Phrom Phong
Eight Limbs
Phussapa Thai Massage School
KHLONG TOEY 空托伊
Soi 24
Soi 26
Queen Sirikit National Convention Centre 诗丽吉王后国家会议中心
Queen Sirikit National Convention Centre
Khlong Toei
Rama IV 拉玛四世路
Khlong Toey Market 空托伊市场
详细介绍请见
景点 140页
就餐 142页
饮品 146页
娱乐 151页
购物 152页

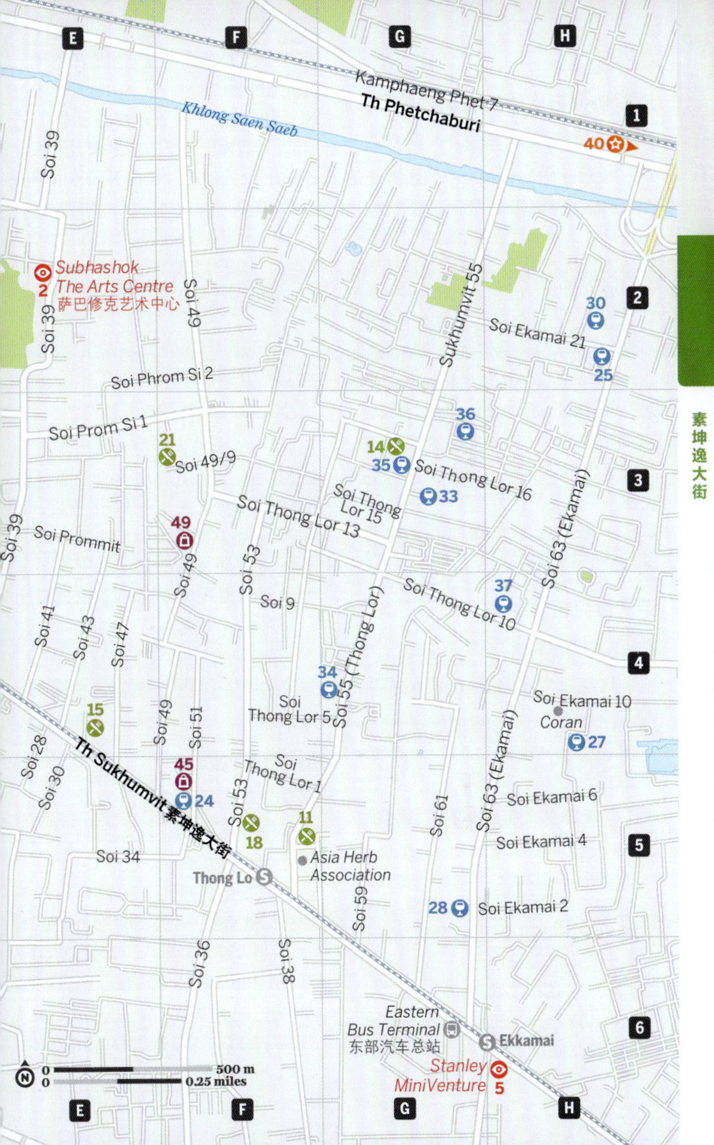

E
F
G
H
1
2
3
4
5
6
Kamphaeng Phet 7
Th Phetchaburi
Khlong Saen Saeb
40
Soi 39
Subhashok
The Arts Centre
萨巴修克艺术中心
2
Soi 49
Sukhumvit 55
Soi Ekamai 21
30
25
Soi Phrom Si 2
Soi Prom Si 1
36
14
35
Soi Thong Lor 16
21
Soi 49/9
33
Soi Thong
Lor 15
Soi Thong Lor 13
Soi 63 (Ekamai)
49
Soi Prommit
Soi 53
Soi 9
Soi 55 (Thong Lor)
Soi Thong Lor 10
37
Soi 41
Soi 43
Soi 47
34
Soi
Thong Lor 5
Soi Ekamai 10
Coran
27
15
Soi 28
Soi 30
Soi 51
Th Sukhumvit 素坤逸大街
45
24
Soi
Thong Lor 1
Soi Ekamai 6
Soi 61
Soi 59
18
11
Soi Ekamai 4
Soi 34
Asia Herb
Association
Thong Lo
28
Soi Ekamai 2
Soi 36
Soi 38
Eastern
Bus Terminal
东部汽车总站
Ekkamai
Stanley
MiniVenture
5
0
500 m
0
0.25 miles
素坤逸大街

景点

暹罗协会与坎添住宅博物馆 博物馆

1 ◎ 见138页地图，B2

坎添住宅博物馆会引领游客走进一个典型的泰国北部村庄。日常礼仪、民间信仰以及家庭日常琐事的教育展览都在这座传统木房子内进行。这座博物馆由暹罗协会（Siam Society）运营，并与之共处一地。暹罗协会是著名的《暹罗会志》（*Journalof the Siam Society*）的出版商，也是泰国传统文化的坚定保护者。（Siam Society & Kamthieng House, สยามสมาคม&บ้านคำเที่ยง; www.siam-society.org; 131 Soi 21/Asoke, Th Sukhumvit; 成人/儿童 100B/免费；⊙周二至周六 9:00~17:00；M Sukhumvit MRT地铁站1出口，S Asok BTS轻轨站3或6出口）

萨巴修克艺术中心 美术馆

2 ◎ 见138页地图，E2

这座巨大的新艺术馆隐藏得很深，位于素坤逸大街住宅楼的那一侧，这里与巴黎的Galerie Adler有合作关系，同时也是全曼谷最雄心勃勃的艺术馆。目前为止这里的艺术家大多来自名头响亮、有政治动机的泰国艺术圈。（Subhashok The Arts Centre, SAC; www.sac.gallery; 160/3 Soi 33, Th Sukhumvit; ⊙周六 10:00~17:30，周日 中午至18:00；S Phrom Phong BTS轻轨站6出口，转乘出租车）

解密 Soi

素坤逸大街所有的奇数地址中soi都朝北，而偶数soi则往南走。很不幸，它们并不是按顺序排列的（比如Soi 11位于Soi 8正对面，Soi 39位于Soi26正对面）。同时，有一些大一点的soi有更为人所熟知的名字，比如Soi 3/Nana Neua、Soi 21/Asoke、Soi 55/Thong Lor和Soi 63/Ekamai。

空托伊市场 市场

3 ◎ 见138页地图，B6

这个全市最大的批发市场就是你在曼谷所吃过的许多餐厅食物原材料的来源。来早点儿，记得带上相机，可以拍到表情欢愉的渔贩和高高叠起的榴莲，不过市场有些角落并不怎么上镜。大部分商贩10:00左右就收摊离开了。（Khlong Toey Market, ตลาดคลองเตย; Th Ratchadaphisek和Rama IV交叉路口；⊙5:00~10:00；M Khlong Toei MRT地铁站1出口）

班嘉奇蒂公园 公园

4 ◎ 见138页地图，B5

这个占地130莱（20.8公顷）的公园的所在地曾经是烟草专卖局的一部分，有一片广阔的低矮工厂和库房，均为皇室财产。这里有一片人工湖，2公里的环湖路很适合慢跑和骑行。可以租到自行车（每小时40B；⊙8:00~19:00）。（Benjakiti Park, สวนเบญจกิติ; Th Ratchadaphisek; ⊙5:00~20:00; 🚻; M Queen Sirikit National Convention Centre 地铁站3出口）

Stanley MiniVenture 博物馆

5 ◎ 见138页地图，H6

小孩（和沙盘铁道模型狂热爱好者们）看到这座微观城市可得高兴坏了。[www.stanleyminiventure.com; Gateway Ekamai 3楼（2nd fl），982/22 Th Sukhumvit; 成人/儿童 500/400B; ⏲10:00~20:00]

Phussapa Thai Massage School 医疗保健

6 ◎ 见138页地图，D4

由一位长居曼谷的日本人经营，这里的泰式按摩基础课为期30小时，分5天授课，还有时间更短的足部按摩和自我按摩课程。（☎022042922; www.thaimassage-bangkok.com/nuat1_egl.htm; 25/8 Soi 26, Th Sukhumvit; 教学6000B起，泰式按摩每小时250B; ⏲课程 9:00~16:00，按摩 11:00~23:00; Ⓢ Phrom Phong BTS轻轨站4出口）

Eight Limbs 武术

7 ◎ 见138页地图，D4

这间小型健身房位于曼谷闹市，提供1.5小时的泰拳课程（moo·ay tai），针对各种段位，无须预约。欲知详细时间，请访问Facebook页面。（☎090 987 9590; www.facebook.com/8limbsluaythaigym; Soi 24, Th Sukhumvit; 课程 580B起; ⏲周二至周日 10:00~20:30; Ⓢ Phrom Phong BTS轻轨站2出口）

拉差达湖，班嘉奇蒂公园

SVETLANA GAJIC/SHUTTERSTOCK ©

各国美食

如果你吃腻了米饭和泰式香料，那么位于素坤逸的各片外国人聚集区是个明智的去处。Soi 3/1俗称小阿拉伯，有一些中东餐厅，Soi 12可以找到几家韩国餐厅，Phrom Phong BTS轻轨站附近有几家日本餐厅。

Yoga Elements Studio 瑜伽

8 见138页地图，B2

由美国人亚德利安·考克斯（Adrian Cox）运营，他本人受训于纽约的OM，主要教授流瑜伽和阿斯汤加瑜伽，这里是全曼谷最受尊敬的瑜伽工作室。高高的楼层也会助你克服难关、看得更远。[☎02 255 9552; www.yogaelements.com; 185 Dhammalert Bldg 8楼（7th fl），Th Sukhumvit; 课程 600B起; Ⓢ Chit Lom BTS轻轨站5出口]

Chuvit Garden 公园

9 见138页地图，B2

与这个公园同名的那个人在2004年竞选曼谷州长失败，在2005年和2011年成功地进入泰国议会。这个公园是他早期的竞选承诺之一，是绿树成荫的街区中一片美丽的绿地。

然而，公园背后的故事可比绿荫见不得光。在2003年，相对于合法的驱逐租户，楚维特·卡莫尔维西（Chuvit Kamolvisit）选择用推土机非法驱逐了这些人，让他们离开公园现在的所在地，并因此被捕。在所有媒体的关注下，他大放厥词，称在他还是曼谷最大的按摩院老板时期曾经对警察行贿，然后成为一个令人大跌眼镜的警察反腐活动家。2016年，对楚维特与推土机相关的三项不同罪名成立，他被判处两年监禁，警察们终于笑到了最后。（สวนชูวิทย์; Th Sukhumvit; ⏰6:00~10:00和16:00~20:00; Ⓢ Nana BTS轻轨站4出口）

就餐

Sri Trat 泰国菜 $$

10 见138页地图，D3

这家餐厅主打泰国东部省份的独特美食，达叻（Trat）和尖竹汶（Chanthaburi）。这意味着这里会有很多味道浓郁、带点甜味和药草味的新鲜海鲜，还有很多你在市里其他地方找不到的美食。强烈推荐。（www.facebook.com/sritrat; 90 Soi 33, Th Sukhumvit; 主菜180~450B; ⏰周三至周一 中午至23:00; ❄; Ⓢ Phrom Phong BTS轻轨站5出口）

Soul Food Mahanakorn 泰国菜 $$

11 见138页地图，F5

Soul Food的气氛永远愉悦，主要因为它既是一家令人向往的餐馆（提供的菜单上是质朴泰国菜肴的美味新煮法），又是一家提供受泰国文化影响的美味鸡尾酒的酒吧。建议提前订位。（☎02 714 7708; www.soulfoodmahanakorn.com; 56/10 Soi 55/Thong Lor, Th Sukhumvit; 主菜 140~290B; ⏰17:30至午夜; ❄ ✎; Ⓢ Thong Lo BTS轻轨站3出口）

Jidori Cuisine Ken

日本菜 $$

12 见138页地图，D4

这家温馨惬意的日本餐馆有出色的豆腐类菜肴、美味的沙拉，甚至还有可口的甜点。基本上这里的每样东西都高于一般水准，带烟熏味的鸡肉串调味恰到好处，是这里的亮点。建议提前订座。（02 661 3457；www.facebook.com/jidoriken；off Soi 26，Th Sukhumvit；主菜60~350B；周一至周六 17:00至午夜，周日 至22:00；；Phrom Phong BTS轻轨站4出口）

Appia

意大利菜 $$$

13 见138页地图，D3

这家餐厅供应罗马风味美食，卖点包括手工意大利面、文火烤肉以及精心挑选却价格实惠的酒单。论价格，这里是全城最棒的非泰餐饭店了。建议提前预订。（02 261 2056；www.appia-bangkok.com；20/4 Soi 31，Th Sukhumvit；主菜400~1000B；周二至周六 6:30~23:00，周日 11:30~14:30和18:30~23:00；；Phrom Phong BTS轻轨站5出口）

The Commons

市场 $$$

14 见138页地图，G3

这个市场风格的美食集中营让新潮的道路Thong Lor变得更酷，这里驻扎着很多靠谱餐厅，比如Soul Food 555、Peppina和Meat & Bones，还有一家咖啡烘焙工坊、一间精酿啤酒吧和一间葡萄酒商店。很适合晚上无事来这里听听神似杰克·约翰逊（Jack Johnson）的不插电演出。（www.thecommonsbkk.com；335 Soi 17，Soi 55/Thong Lor，Th Sukhumvit；主菜500~2000B；8:00至午夜；；Thong Lo BTS轻轨站3出口，转乘出租车）

Quince

各国风味 $$$

15 见138页地图，E4

早在2011年，Quince因其复古的装潢和博采众长、国际范十足的菜单在曼谷餐饮行业掀起不小的波澜，从那以后Quince就不断被模仿，但是他们依然坚持推出各种充满活力的美味菜肴，其中很多菜式明显受到中东或西班牙风格影响，也正是因此，他们从未被超越。（02 662 4478；www.quincebangkok.com；Soi 45，Th Sukhumvit；主菜 150-3900B；11:30至次日1:00；；Phrom Phong BTS轻轨站3出口）

Myeong Ga

韩国菜 $$$

16 见138页地图，B2

位于Sukhumvit Plaza（一座多层综合楼，也被称为韩国城）1楼，这家餐

Cooking with Poo & Friends

这家颇受欢迎的**烹饪班**（080 434 8686；www.cookingwithpoo.com；课程 1500B；8:30~13:00；）由一名空托伊贫民区的居民主办，上课地点就在她居住的贫民区街区。来这里上课必须提前预订，课程费用包括学做3道菜、逛空托伊市场和往返Emporium购物中心的交通费。

公共场合吸烟

需注意，自2008年起，在任何娱乐场所的室内（和一些半室外场合）吸烟都是违法的。

厅能吃到曼谷最正宗的首尔美食。可以选择美味的现成菜肴，如果你时间充裕，也可以选择需要自己动手的顶尖韩式烧烤。[Sukhumvit Plaza 1楼(ground fl), Soi 12和Th Sukhumvit交叉路口；主菜200~950B；周二至周日 11:00~22:00，周一 16:00~22:00；；MSukhumvit MRT地铁站3出口，SAsok BTS轻轨站2出口]

Daniel Thaiger 美国菜 $$

17 见138页地图，B1

在这家美国人运营的汉堡摊可以尝到泰国全曼谷最棒的汉堡，在我们调研时，这家汉堡摊长期以来在Soi 11一带出没，欲知这辆汉堡车位于何处，请访问他们的Facebook主页。（084 549 0995；www.facebook.com/danielthaiger; Soi 11, Th Sukhumvit；主菜 140B起；11:00至深夜；SNana BTS轻轨站3出口）

Bo.lan 泰国菜 $$$

18 见138页地图，F5

高档的泰国餐馆通常更注重装盘而不是味道。但是Bo.lan是一个例外。餐馆的名字结合了厨师Bo和Dylan的名字（同时Bo.lan在泰语中也有“古代”的意思），象征着餐馆犹如古代书生般在研习泰国菜肴，这种学习态度成就了丰盛的套餐和一道道味道全面的泰式佳肴（不能按菜单点菜，有不含肉的套餐）。建议提前订位。（02 260 2962；www.bolan.co.th; 24 Soi 53, Th Sukhumvit；套餐 1,200~3,500B；周二至周日 18:00~22:30，周六、日 中午至14:30；；SThong Lo BTS轻轨站1出口）

Bharani 泰国菜 $

19 见138页地图，C2

这家舒适的泰国餐馆什么都有一点，从牛蛇汤到虾酱炒饭，不过来这里的真正原因当属丰盛多肉的“船面”（boat noodles）——这么叫是因为这种面条以往都是在穿梭于泰国中部运河的小船上贩卖的。（Sansab Boat Noodle; 96/14 Soi 23, Th Sukhumvit；主菜60~250B；11:00~22:00；；MSukhumvit MRT地铁站2出口，SAsok BTS轻轨站3出口）

Nasir Al-Masri 中东菜 $$$

20 见138页地图，A1

这家餐馆是Soi3/1小巷里的其中一家中东餐馆，不过Nasir Al-Masri很好找，只要找到一家从地板到天花板全是不锈钢“主题风格”的餐馆就到了。中东菜一般都以肉为主，除了肉，还是肉，不过这里也能吃到几道美味的蔬菜mezze（小菜）。（4/6 Soi 3/1, Th Sukhumvit；主菜 160~370B；24小时；；SNana BTS轻轨站1出口）

Pier 21 泰国菜 $

这片喧闹的美食广场位于Terminal 21购物中心（46 见138页地图，B3），来

这里需要乘坐一系列没完没了的手扶电梯。这里的食物摊来自曼谷各处，你的选择很多（还有一个大型素食摊位）。即便是泰国标准，这里价格也极为便宜。[6楼(5th fl)；主菜40~200B]

Klang Soi Restaurant 泰国菜 $

21 见138页地图，F3

如果你有个泰国外婆在素坤逸地区生活，她应该会来这里吃饭。油印的菜单上是老派的泰国中部和南部特色菜，还有几种西式菜肴。餐厅位于Soi 49/9的尽头，Racquet Club综合体内。(Soi 49/9, Th Sukhumvit；主菜 80~250B；周二至周日11:00~14:30和17:00~22:00；；S Phrom Phong BTS轻轨站3出口，转乘出租车)

Saras 印度菜 $

22 见138页地图，C4

将餐馆形容为“快餐宴”或许并不是我们所看到的最高明的宣传手法，但却是对这家印度餐馆再贴切不过的形容。在收银台点餐后，就能等着收获香脆的dosai薄饼（印度南部的脆饼）、全素的地方菜套餐或者浓郁醇厚的咖喱（侍者会将点的菜端到桌上给你）。如果全世界的快餐店都如此令人满意，那该有多好。(www.saras.co.th；Soi 20, Th Sukhumvit；主菜 90~200B；9:00~22:30；；M Sukhumvit MRT地铁站2出口，S Asok BTS轻轨站4出口)

Soul Food Mahanakorn（见142页）

小费礼仪

不要奇怪，泰国的小费习惯和日本（根本不给小费）与美国（逢人就给小费）并不一样。泰国介于这两种极端之间，有的地方甚至给不给都行。有人会在任何正式餐厅（那种你恨不得每喝一口水都要重新满上的餐厅）留下大概10%的小费，也有人不给小费。大多数高级餐厅会在账单上附加10%服务费。一些顾客在服务费用之外留下额外小费，也有的顾客则不这么做。怎么做完全取决于你。

饮品

WTF 酒吧

WTF在这里是酒吧名字Wonderful Thai Friendship（奇妙的泰国友谊）的缩写（不然你以为是什么？）。这是个时髦独特又氛围亲切的街区酒吧，在Studio Lam旁边（24 见138页，F5），还包括一间艺术空间。喜欢艺术的当地人和外籍居民会来这里享用老派的鸡尾酒，欣赏现场音乐演出，参加DJ活动、读诗会、艺术展，品尝可口的酒吧小吃。而我们和他们一样，愿意把曼谷最佳酒吧这一票投给WTF。（www.wtfbangkok.com; 7 Soi 51, Th Sukhumvit; 周二至周日 18:00至次日1:00; ; Thong Lo BTS轻轨站3出口）

Q&A Bar 酒吧

23 见138页地图，C1

想象一下上世纪中期的现代主义餐车或机场休息室，你基本上就能想象出Q&A的装潢了。短短的特色鸡尾酒单似乎和这里的经典氛围有出入，来这里少不了古老的着装规范和礼节。（www.qnabar.com; 235/13 Soi 21/Asoke, Th Sukhumvit; 周一至周六 19:00至次日2:00）

Studio Lam 酒吧、夜店

24 见138页地图，F5

这家新店是超时髦的唱片公司Zud Rang Ma开的，有一套专为世界和泰国复古DJ音乐和不定期的现场演出而定制的牙买加式音响系统。如果想在曼谷度过一个劲舞之夜，又想避开诸如Top 40等烂俗歌曲榜单，那么来这儿不会错。（www.facebook.com/studiolambangkok; 3/1 Soi 51, Th Sukhumvit; 周二至周日 18:00至次日1:00; Thong Lo BTS轻轨站3出口）

Tuba 酒吧

25 见138页地图，H2

这间酒吧既像名贵古典家具储藏室，又像餐馆和友善的当地小酒馆，古怪有趣，完全不单调，更不缺乏玩趣。放纵一次，开一整瓶酒来宠宠自己吧（如果你没喝完，他们可以帮你保存），另外别错过令人欲罢不能的鸡翅或好吃的炸lâhp（一种酸辣口味的肉末沙拉）。（www.facebook.com/tubabkk; 34 Room 11-12 A, Soi Thong Lor 20/Soi Ekamai 21; 11:00至次日2:00; Ekkamai BTS轻轨站1出口，转乘出租车）

Waon

卡拉OK

26 见138页地图, D4

预先录好的音乐是否无法满足你的卡拉OK巨星梦?在Waon,背景音乐可是由活生生的钢琴师演奏的。这里的音乐和顾客基本上都是日本人,不过友善的店长很乐意演奏西方的经典曲目。而且就算你不会唱,也可以通过沙锤、非洲鼓和木吉他来加入演奏。(10/11 Soi 26, Th Sukhumvit; ⏲周一至周六20:00至次日1:00)

Mikkeller

酒吧

27 见138页地图, H4

这家店是一群吵吵闹闹的丹麦"吉卜赛"酿酒师开的,有超过30个啤酒酒头。做好准备,这里既有当地啤酒(Sukhumvit Brown Ale),也有夺命型啤酒(Beer Geek,一种酒精度13%的燕麦啤酒),这里的气氛很迷人,小吃不错。(www.mikkellerbangkok.com; 26 Yaek 2, Soi Ekamai 10; ⏲17:00至午夜; Ⓢ Ekkamai BTS轻轨站1出口,转乘出租车)

A R Sutton & Co Engineers Siam

酒吧

28 见138页地图, G5

一束束铜管、随意摆放的独特古玩、锌制天花板,还有一排排玻璃瓶和装饰品,使这里成为全曼谷乃至全世界最独一无二、最梦幻的酒吧。这里绝大

曼谷的出租车替代品

是否因为出租车司机拒绝打表、拒绝带你去指定的目的地而心灰意冷?别担心,以下这些出行方式可以或多或少替代曼谷的出租车。

优步(www.uber.com/cities/bangkok)毫无疑问是最为人所熟知,也最具争议性的专车服务,他们服务于全球,于2014年进军泰国。在那些头痛于曼谷普通出租车(沟通困难,一成不变,司机鲁莽)的人群中迅速火起来了,但是到了2014年年底,泰国交通部宣布这款App违法,声称这些车辆未被注册,没有经过监管,司机也没有牌照。在我们调研时,这种情况正处于僵局,优步依然在曼谷运营,只不过低调了很多。

好消息是,**GrabTaxi**(www.grabtaxi.com/bangkok-thailand)和**Easy Taxi**(www.easytaxi.com/th)等公司,由于使用正规注册的出租车,并未受到规定的影响。在2015年,市场上出现了一家本土公司**All Thai Taxi**(www.allthaitaxi.com)。

不过,如果你坚持乘坐普通的出租车,那么记住下面这条曼谷出租车贴士:避免那些在酒店门口或者旅游区扎堆的出租车,这些出租车从不打表,对目的地也比较挑剔。相对地,你可以走差不多一个街区的距离然后在路上拦一辆出租车。

营业时间

从2004年起，官方下令曼谷绝大多数酒吧和夜店必须在凌晨1:00打烊。有一个复杂的区划系统将各个娱乐场所归到不同的“娱乐区”，是隆路和部分素坤逸大街的店可以截至凌晨2:00再打烊，不过是否发放这些“稍晚”的牌照也全凭着警方心情。

多数鸡尾酒都用杜松子作为基酒，其货源正是隔壁的酒厂。（Parklane, Soi 63/Ekamai, Th Sukhumvit; ⌚18:00至午夜; Ⓢ Ekkamai BTS轻轨站2出口）

Walden 酒吧

29 见138页地图，D3

极简又亲切的气质、周到的日式风格让这里成为全市最友好的地方。简单的酒单包括日式“高球”鸡尾酒（highball）、美国精酿啤酒，这里还有朴实美味的酒吧小吃。（7/1 Soi 31, Th Sukhumvit; ⌚周六至周日 18:30至次日1:00; Ⓢ Phrom Phong BTS轻轨站5出口）

Sugar Ray 酒吧

30 见138页地图，H2

Sugar Ray是一家有趣又时髦的低调酒吧，由一伙制作调味糖浆的有趣又时髦的泰国青年经营，供应有趣又时髦的鸡尾酒。想象一下，古典鸡尾酒（Old Fashioned）的做法是在陈年朗姆酒里加入香橙小豆蔻糖浆，再装饰上一片焦糖培根。（www.facebook.com/sugarraybkk; 紧邻Soi Ekamai 21; ⌚周三、五、六 20:00至次日2:00; Ⓢ Ekkamai BTS轻轨站1出口，转乘出租车）

Dim Dim 酒吧

31 见138页地图，D2

Dim Dim最能说明曼谷有多喜欢中国风的酒吧，这是一家点着蜡烛的鸡尾酒吧，位于Phrom Phong，店内装潢以中国文化中代表福气的红色占主导，还有一排金色的招财猫向你挥手，仿佛在请你尝尝他们的特色饮品：菊花伏特加。你可以在这啜饮Oolong Tea and Orange Sour（乌龙茶与橙酸），这是一种亚洲版的威士忌酸酒，用乌龙茶和泡过橙皮的波本酒调制而成。（☎02 085 2788; www.facebook.com/dimdimbarbkk; 27/1 Soi 33, Th Sukhumvit; ⌚周一至周六 18:30至次日1:30; Ⓢ Phrom Phong BTS轻轨站5出口）

Havana Social Club 夜店

32 见138页地图，A1

找到电话亭，拨打秘密代码（门卫会帮你），然后跨过门槛，把Havana闹个底朝天吧。这里一部分是酒吧，一部分是舞厅，有现场音乐、美妙的饮品，还有以外国人居多的顾客，而且这些人仿佛都舞技不俗。如果你受不了大多数泰国夜店那恶俗的Top 40金曲榜单，这里倒是个好去处。（www.facebook.com/pg/havanasocialbkk; Soi 11, Th Sukhumvit; ⌚18:00至次日2:00）

Beam

夜店

33 见138页地图，G3

高调的客座DJ播放着的deep house和techno音乐、各式各样的听众、震动的舞池，这一切让Beam成为曼谷当下最棒的夜店。特别活动请查询网站。（www.beamclub.com; 72 Courtyard, 72 Soi 55/Thong Lor, Th Sukhumvit; 周三至周六 21:00至深夜; Thong Lo BTS轻轨站3出口，转乘出租车）

J Boroski Mixology

酒吧

34 见138页地图，G4

与店名同名的那位调酒师既不公开这里的地址，也不提供酒单，宛如现代版的地下酒馆。只需告诉吧台后的小伙子你喜欢什么味道，他们就会用最高档的酒和独一无二的配方给你带来难忘的体验。这里位于Soi Thong Lor 7附近一个没有路牌的街道，欲知详细地址，请访问官网。（www.josephboroski.com; 紧邻Soi 55/Thong Lor, Th Sukhumvit; 19:00至次日2:00; ; Thong Lo BTS轻轨站3出口，转乘出租车）

Badmotel

酒吧

35 见138页地图，G3

Badmotel融合了现代感和俗气，国际文化与当地文化，正中曼谷赶时髦客的下怀。尤其是他们推出的混合了朗姆酒和Hale's Blue Boy（一种泰国人童年都喝过的饮料）的特制饮品，以及特制吧台小吃——印度薄脆饼配"naam prikong"（一种泰国北方蘸酱）。(www.facebook.com/badmotel; 331/4-5 Soi 55/ Thong Lor, Th Sukhumvit; 17:00至次日

泰式橙香鸡尾酒

PIYATO/SHUTTERSTOCK ©

水疗中心

素坤逸大街有很多曼谷最受推崇也最有名气的水疗馆和按摩馆，包括以下这些：

Asia Herb Association（见138页地图，F5；☎02 392 3631；www.asiaherbassociation.com；58/19-25 Soi 55/Thong Lor, Th Sukhumvit；泰式按摩每小时 500B，泰式按摩加草药热敷1.5小时 1100B；⏲9:00至午夜；Ⓢ Thong Lo BTS轻轨站3出口）这家连锁店主打以18种不同草药混合制成的传统泰式草药热敷的按摩服务。

Coran（见138页地图，H4；☎02 726 9978；www.coranbangkok.com；94-96/1 Soi Ekamai 10, Soi 63/Ekamai, Th Sukhumvit；泰式按摩每小时 600B起；⏲11:00~22:00；Ⓢ Ekkamai BTS轻轨站4出口，转乘出租车）这家高档水疗馆位于一座泰式别墅内。

Divana Massage & Spa（见138页地图，C3；☎02 261 6784；www.divanaspa.com；7 Soi 25, Th Sukhumvit；按摩 1200B起，水疗套餐 2650B起；⏲周一至周五 11:00~23:00，周六、日 10:00~23:00；Ⓜ Sukhumvit MRT地铁站2出口，Ⓢ Asok BTS轻轨站6出口）Divana的水疗保留了独特的泰式风格，在一座私密的花园洋房中提供服务。

1:00；Ⓢ Thong Lo BTS轻轨站3出口，转乘出租车）

Shades of Retro 酒吧

36 见138页地图，G3

顾名思义，这个不拘一格的地方将曼谷的怀旧癖发挥到了极致。你必须绕过Vespa摩托和Naugahyde沙发才能找到你的座位，但你会享受到友善的服务、免费的爆米花和各类泰国音乐（这家酒吧的老板也运营着本土独立唱片公司Small Room）。（www.facebook.com/shadesofretrobar；Soi Thararom 2, Soi 55/Thong Lor, Th Sukhumvit；⏲17:00至次日2:00；Ⓢ Thong Lo BTS轻轨站3出口，转乘出租车）

Demo 夜店

37 见138页地图，H4

Demo以震耳欲聋的音乐和纽约仓库夜店的气氛营造出独特的氛围。在周五和周六，外国人需要付400B入场费，入场前需要出示ID。（www.facebook.com/demobangkok；Arena 10, Soi Thong Lor 10/Soi Ekamai 5；⏲21:00至次日2:00；Ⓢ Ekkamai BTS轻轨站2出口，转乘出租车）

Glow 夜店

38 见138页地图，C2

这里只有巴掌大，却有世界级的音响系统，在地下圈名声响亮，Glow在曼谷的夜店行业可算是老面孔了。欲知客座DJ和近期活动的信息，可以访问

Facebook主页。(www.facebook.com/GlowBkk; 96/415 Soi Prasanmit; 350B起; ⏲周三至周六 21:00至次日3:00，周日 至午夜; Ⓜ Sukhumvit MRT地铁站2出口，Ⓢ Asok BTS轻轨站3出口)

Sing Sing Theater 酒吧

在这间位于Quince(15 见138页地图，E4)的超现实主义酒吧，你能看到穿着旗袍或霓虹宇航服的舞者（取决于当晚具体情况）飘过密室，穿过高耸的平台，再落到小小的舞池。强劲的烈酒会让你宛如坠入一间烟馆。欲知酒吧主题之夜的详情，可以访问Facebook主页(www.facebook.com/Sing Sing Theater)。(www.singsingbangkok.com; ⏲周二至周日 21:00至次日2:00; Ⓢ Thong Lo BTS轻轨站1出口)

娱乐

The Living Room 现场音乐

39 见138页地图，B3

别让表象欺骗了你：每天晚上，这间乏味的酒店休闲吧就会摇身一变成为曼谷最好的现场爵士乐演出地点。这里有舒适的沙发式座位，与店名“客厅”(Living Room)很相符，而且这些沙发都放在适合听音乐的位置。提前联系酒店，看看哪个萨克斯大师或无名高人正在城中表演。20:30后会收300B入场费。(☎02 649 8888; www.thelivingroomatbangkok.com; level 1, Sheraton Grande Sukhumvit, 250 Th Sukhumvit; ⏲18:00至午夜; Ⓜ Sukhumvit MRT地铁站3出口，Ⓢ Asok BTS轻轨站2出口)

Lam Sing 现场音乐

40 见138页地图，H1

这间昏暗、颓废、覆盖着水钻的小屋让Ziggy Stardust时期的大卫·鲍伊(David Bowie)也黯然失色，这是在曼谷欣赏发源于泰国东北部乡村的mŏrlam和lôoktûng音乐的最佳去处之一。喧闹的现场音乐伴随着衣着大胆的伴舞演员们精心编排的舞蹈动作。这里没有英文招牌，不过大多数出租车司机都熟悉这个地方。(อีสานลำซิ่ง; www.facebook.com/isanlamsing; 57/5 Th Phet Phra Ram; ⏲21:30至次日4:00; Ⓢ Ekkamai BTS轻轨站1出口，转乘出租车)

Titanium 现场音乐

41 见138页地图，C3

许多人来这个档次不高的“冰吧”是为了体验轻松的气氛、看看衣着暴露的打工女郎，享用调味伏特加，但是我们来这里是为了支持那里的驻场乐队——全女子摇滚乐队“独角兽”(Unicorn)，每周一至周六，她们的表演震撼全场。(www.titaniumbangkok.com; 2/30 Soi 22, Th Sukhumvit; ⏲20:00至次日1:00;

夜店巷

从素坤逸大街延伸的街道有很多曼谷最受欢迎的夜店。大学生年龄的人更喜欢去Soi 63/Ekamai，而公子哥和精英们去Soi 55/Thong Lor，外籍人士和游客则更喜欢去Soi 11的夜店。

曼谷的裁缝街

素坤逸大街位于Nana和Asok这两个BTS车站之间的区域有很多曼谷著名的裁缝店。

Tailor on Ten（见138页地图，A3；☎084 877 1543；www.tailoronten.com；93 Soi 8, Th Sukhumvit；⏲周一至周六 9:30~19:00）明码标价，国外管理，最重要的是可以贴身裁剪，为这家店赢来了不断的好评和回头客。

Raja's Fashions（见138页地图，A2；☎02 253 8379；www.rajasfashions.com；160/1 Th Sukhumvit；⏲周一至周六 10:30~20:00；Ⓢ Nana BTS轻轨站4出口）鲍比（Bobby）凭借对名字过目不忘的能力，会让你觉得自己与他在这一行几十年来积攒的数不清的贵宾客户同样重要。

Rajawongse（见138页地图，A2；☎02 255 3714；www.dress-for-success.com；130 Th Sukhumvit；⏲周一至周六 10:30~20:00；Ⓢ Nana BTS轻轨站2出口）杰西（Jesse）和维克多（Victor）的作品在美国游客和当地人之间均享有盛誉。

Ⓢ Phrom Phong BTS轻轨站6出口）

Friese-Greene Club 电影院

42 见138页地图，C4

相比位于商场的大型电影院，这家私人电影院只有9个座位，算是相当大的反差了。欲知即将上映的电影时间表，请访问官网。（FGC；☎087 000 0795；www.fgc.in.th；259/6 Soi 22, Th Sukhumvit；Ⓢ Phrom Phong BTS轻轨站6出口）

牛仔街 红灯区

43 见138页地图，C3

这条窄巷中的酒吧街据称正是当年越战后美军“修养和恢复”政策下的产物。在闪耀的霓虹灯下，这里进行着真正的“皮肉交易”。（Soi Cowboy；⏲16:00至次日2:00；Ⓜ Sukhumvit MRT地铁站2出口，Ⓢ Asok BTS轻轨站3出口）

Nana Entertainment Plaza 红灯区

44 见138页地图，A2

Nana是一栋三层高的情色酒吧大楼，在这里，买春团和看傻眼的游客是分开的。这里也有几家人妖酒吧。（Soi 4, Th Sukhumvit；⏲16:00至次日2:00；Ⓢ Nana BTS轻轨站2出口）

购物

ZudRangMa Records 音乐

45 见138页地图，F5

这家怀旧音乐厂牌的总店可以将你带回大学时代挑选唱片的旧时光，还能喝到酒。来这里看看好笑又老土的泰国黑胶唱片封面，或者买一些这个厂牌好评如潮的经典mǒr lam和lôok tûng（泰式乡村乐）合辑。（www.zudrangmarecords.com; 7/1 Soi 51, Th Sukhumvit; ⊙周二至周日 14:00~21:00; S Thong Lo BTS轻轨站1出口）

Terminal 21 购物中心

46 见138页地图，B3

这家新商场似乎是专为满足喜欢拍照的泰国人而开的，值得一逛，因为又能购物，又能看热闹。从地下层的“机场”开始，向上会经过“巴黎”“东京”和其他以城市为主题的楼层。也许你真能买到点什么。（www.terminal21.co.th; Th Sukhumvit和Soi 21/Asoke交叉路口; ⊙10:00~22:00; M Sukhumvit MRT地铁站3出口，S Asok BTS轻轨站3出口）

Emquartier 购物中心

47 见138页地图，D4

这里是曼谷最新的商场之一，很有可能也是最华丽的。来这里可以买到在别处买不到的品牌，你也可以去Helix，一个看似永无止境的螺旋形就餐区，内有超过50家餐厅。（www.theemdistrict.com; 693-695 Th Sukhumvit; ⊙10:00~22:00; S Phrom Phong BTS轻轨站1出口）

素坤逸大街市场 礼品和纪念品

48 见138页地图，A2

山寨服装和手表、色情DVD、中国飞镖和其他令人心生疑窦的商品（倒是很适合送给你青春期的弟弟）充斥着这个市场，目标客户是旅行团和买春

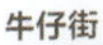

牛仔街

STEPHANE BIDOUZE/SHUTTERSTOCK ©

Terminal 21购物中心

视觉中国 提供

Emquartier购物中心

NATTAKIT JEERAPATMAITREE/SHUTTERSTOCK ©

团。(Thanon Sukhumvit Market, Soi 3和Soi 15之间, Th Sukhumvit; ⏲周二至周日 11:00~23:00; Ⓢ Nana BTS轻轨站1和3出口)

Quartor

时装和饰品

这里专卖泰国设计师的作品，几乎占了Emquartier(47 🔒 见138页地图, D4)整整一层。基本上只能买到女性服饰，款式从保守到大胆应有尽有，涵盖泰国所有顶尖品牌。[Bldg C 3楼(2nd fl); ⏲10:00~22:00]

Another Story

家居用品

Another Story位于Emquartier(47 🔒 见138页地图, D4)5楼，自称是家"生活方式概念店"，不过被称为潮酷玩意儿集散地可能更合适。就算你什么都不买，来看看这些独一无二、泰国制造的东西也很好玩，比如来自清迈Prempacha牌的瓷器、labrador牌的皮革制品、BsaB牌的香皂、精油和蜡烛。(⏲10:00~22:00)

Duly

服装

49 🔒 见138页地图, F3

高质量的意大利面料和经验丰富的裁缝，令Duly成为想在曼谷裁制一件穿起来精神奕奕的衬衫的最佳地点。(☎02 662 6647; www.laladuly.co.th; Soi 49, Th Sukhumvit; ⏲10:00~19:00; Ⓢ Phrom Phong BTS轻轨站1出口)

Sop Moei Arts

艺术和手工艺品

这里是一家非营利组织在曼谷的展厅，展出了来自泰国北部夜丰颂(Mae Hong Son)克伦族人手工纺织的鲜艳布艺品。此处位于Soi 49/9的尽头，就在Racquet Club综合体内(21 ✖ 见138页地图, F3)。(www.sopmoeiarts.com; ⏲周二至周六 9:30~17:00)

顶级景点

加都加周末市场（Chatuchak Weekend Market）

想象一下，曼谷所有的市场融合在一个仿佛无止尽的商业主题酒吧里。再添加一点艺术气息、桑拿般的氛围和讨价还价的人群，你就大概知道加都加周末市场长什么样了。当你深入加都加的内部，会感觉这里看上去没有方向也没有出口，其实这个集市是按照一定区域有序划分的。

ตลาดนัดจตุจักร

www.chatuchakmarket.org

587/10 Th Phahonyothin

周三、四 7:00~18:00 只卖蔬菜，周五 18:00至午夜只批发，周六、日 9:00~18:00

M Chatuchak Park 1出口，Kamphaeng Phet 1和2出口，S Mo Chit BTS轻轨站1出口

古玩、手工艺品和纪念品

在1区（Section1）你可以买到佛像、旧版的孤独星球指南以及其他零碎古董。更多的世俗艺术品和手工艺品，如乐器或者山地部落的物品，可以在25区和26区买到。

艺术品

7区基本上是一座露天当代艺术馆，应用各种媒介制作的作品应有尽有，摊位经常易主。

服装和饰品

加都加市场大部分都是卖服装的，从8区开始的偶数区一直到24区全都卖服装。5区和6区出售的是二手泰国青年服饰，从朋克到牛仔都齐全。而12区和14区的交叉地带Soi7，主要出售嘻哈潮流服饰和滑板运动服饰。适合旅游用的服装和纺织品主要在8区和10区。

在2区和3区，尤其是2区树木林立的Soi 2，即加都加的“暹罗广场”，有很多时尚的独立服装品牌。往北走，4区的Soi 4有不少店可以买到本土设计的T恤。

家居用品和建材

市场的西边，尤其是8区至26区那一带，专门出售各式各样的家居用品，从廉价的塑料桶到昂贵的黄铜锅都能找得到。来这里还可以搜刮到泰国平价陶器，从青瓷到产自泰国南邦（Lampang）的传统公鸡样式的大碗，种类很广。

宠物

来这里如果只看不买，那最大乐趣估计就是轻抚13区和15区出售的小狗和小猫了。13区的Soi 9有几家专门出售宠物服装的店。

★ 独家贴士

- 加都加各处都能找到示意地图；如果你需要更详细的地图（以及内幕贴士），可以考虑买一份《**南希·钱德勒的曼谷地图**》（*Nancy Chandler's Map of Bangkok*），曼谷各大书店均有售。
- 一定要早点来这个市场，最好在上午9点或10点左右，一来人不多，二来很凉快。

✕ 吃喝落脚点

- 如果你想避开人群，可以穿过Th Kamphaeng-phet 1去奥多哥市场的美食广场。（见158页）
- 如果你位于市场中心，并且需要一杯冰啤酒，可以考虑在Viva’s稍作停留。（见158页）

植物和园艺

2区至4区这一圈主要出售品种繁多的盆栽植物、鲜花、香草药、水果和一些用于维护它们的园艺用品和工具。许多店铺在工作日下午也开门营业。

就餐

在加都加市场，许多泰式美食都能驱走“加都加狂热”（由脱水或饥饿引发的烦躁行为），整个市场里有很多小吃摊，尤其是在6区和8区之间。

饮品

Viva8（www.facebook.com/Viva8JJ；8区，摊位号371；主菜150~300B；⏲周六、日 9:00~22:00）里有一间酒吧，还有DJ驻场，而且在我们停留时，有一名厨师正在烹煮大盘的西班牙海鲜饭。夜幕降临的时候，可以去**Viva's**（26区，摊位号161；⏲周六、日 10:00~22:00）喝杯啤酒，这是一家有现场音乐的咖啡酒吧，很晚才打烊。

附近：奥多哥市场

奥多哥市场（Or Tor Kor Market，องค์การตลาดเพื่อเกษตรกร；Th Kamphaengphet 1；⏲8:00~18:00；Ⓜ Kamphaeng Phet 地铁站3出口）是曼谷最棒的生鲜市场，在这你能看到硕大的芒果和几十个装满咖喱的坛坛罐罐，令人目不暇接。如果午饭时来便能赶上这里的露天美食广场，泰国各地的美食都能在这买到。市场位于加都加周末广场对面的Th Kamphaengphet。

讲价

你在加都加周末市场的很多交易都需要用到一种技巧：讲价。与你在别处看到的不同，在这里讲价并非简要交换数字与敌意。泰国的讲价方式是温和友好的，双方都希望能讲到一个对彼此来说都合理的价格。

讲价的第一条规则就是广泛地了解价格，问问周围各个摊位的价格，以便有个大概的价位。当你决定要买的时候，通常先砍到一半的价，然后再从这个价格开始往上讲。如果你买的东西数量很多，你就更有杀价的筹码了。如果买家一口就答应了你的出价，那很可能你就买贵了，此时再降低你的喊价就不那么明智了。总的来说，保持友好的态度并随机应变总是对你有利的。

附近：加都加公园

市场正是以隔壁的**加都加公园**（Chatuchak Park, สวนจตุจักร; Th Phahonyothin; 免费; ⏲16:30~21:00; Ⓜ Chatuchak Park地铁站1出口, Kamphaeng Phet地铁站1和2出口, Ⓢ Mo Chit BTS轻轨站1和3出口）命名的，这片整洁的绿地其实是3个单独的公园合起来的，内有博物馆、人工湖，可以租到自行车。

值得一游

柯叻岛（Ko Kret）

柯叻岛是曼谷周边乡村游的方便去处，它是一座人工岛，是近300年前为缩短湄南河的一处U形弯而挖掘河道后形成的。当地住着泰国最古老的孟族（Mon）居民，他们在公元6世纪和10世纪间曾是泰国中部的主要民族之一。如今，柯叻岛是一个热门的周末度假地，以手工拉制的赤陶罐和繁忙的周末市场闻名。

柯叻岛位于曼谷市中心以北约15公里处的暖武里（Nonthaburi）。

在胜利纪念碑（Victory Monument）搭乘166路公共汽车，或者搭乘出租到Pak Kret，然后再乘坐从Wat Sanam Neua寺庙出发的跨河渡船（2B，5:00~21:00）

普拉梅伊卡瓦寺

柯叻岛主码头对面的**普拉梅伊卡瓦寺**（Wat Poramai Yikawat, วัดปรมัยยิกาวาส; Ko Kret, Nonthaburi; ⏲9:00~17:00; 🚌166路和从WatSanamNeua乘坐跨河渡船）内有一尊孟族风格的大理石佛像，以及一座**博物馆**（免费；⏲周一至周五 13:00~16:00，周六、日 9:00~17:00；🚌166路和从WatSanamNeua乘坐跨河渡船），内有宗教物品和当地陶器的展览，不过该寺最著名的地标无疑当属有着200年历史的倾斜佛塔，在小岛的东北角耸立着。

陶器

柯叻岛因其手工拉制的赤陶罐而著名，可以在遍布曼谷的市场里买到。在岛上向任何一个商家点一杯冰咖啡，都会收到一个小罐作为纪念品。从普拉梅伊卡瓦寺出发，无论往哪个方向走，都会看到废弃的窑厂以及仍在营业的陶器中心，分布在东岸与北岸。

游览全岛

有一条6公里长的铺设小路环岛而建，徒步或骑自行车都可以轻松走完全程。可以在码头租用自行车（每天40B）。又或者，也可以租用一整艘船，最多可载10人，费用500B。经典的环岛游会在一间蜡染作坊和一间糖果厂停靠参观，周末时还包括参观一个水上市场。

★ 独家贴士

- 柯叻岛在周末可能会非常拥挤，你可以选择工作日来。虽然就餐和购物的选项会因此变少，不过你也会得到更多个人空间。

✕ 吃喝落脚点

- 柯叻岛北海岸有一排露天餐厅，其中很多餐厅都供应khâwchâa，这是一种不太常见却非常美味的孟族咸味零食，与凉凉的香米饭一起享用。**Pa Ka Lung**（Restaurant River Side; Ko Kret, Nonthaburi; 主菜30~60B; ⏲周一至周五 8:00~16:00，周六和周日 至18:00; ⛴从Wat Sanam Neua乘坐跨河渡船）便是这样一个露天的美食广场，有英文菜单和招牌，是享用khâwchâa和其他泰国菜肴的好地方。

值得一游

大城(Ayuthaya)

古代遗迹、泰国田园气质、美味的食物、实惠的住宿，这一切距离曼谷只有一小时路程。大城从1350年起是暹罗国的国都，同时也是一个主要贸易港，各国商人参观后无一不被这里的寺庙和满是财宝的宫殿所震惊。直到1767年，入侵的缅甸军队洗劫了这座城市，并掠夺了这里大部分宝藏。1991年，大城遗址被认定为联合国教科文组织世界文化遗产。

大城位于曼谷以北约70公里处。

อุทยานประวัติศาสตร์อยุธยา

单独景点 20~50B，全日通票 220B

8:00~17:00

大城旅游中心

大城旅游中心（Ayutthaya Tourist Center, ศูนย์ท่องเที่ยวอยุธยา; ☎035246076; 免费; ⏲8:30~16:30）是大城的第一站，楼上出色的博物馆里关于寺庙和日常生活的展览介绍了大城的概况。小而有趣的大城国家艺术博物馆（Ayuthaya National Art Museum）也在楼上。楼下是旅游信息中心，提供地图和中肯的建议。

大城历史公园

大城历史公园（Ayuthaya Historical Park）就是原国都遗址，是泰国最大的旅游景点。被分为两个区域，位于城镇中心的"岛上"区遗址可以通过自行车或摩托车轻松游览；而"岛外"区位于大城中心部分的水域对面，最好的游览方式是等晚上参加坐船团队游。"岛上"值得一提的遗址包括玛哈泰寺（Wat Mahathat）和西善佩寺（Wat Phra Si Sanphet），至于"岛外"，务必不要错过Wat Chai Wattanaram（见左图）。

昭三披耶国家博物馆

大城最大的**博物馆**（Chao Sam Phraya National Museum, พิพิธภัณฑสถานแห่งชาติเจ้าสามพระยา; ☎035 244570; Th Rotchana和Th Si Sanphet交叉路口；成人/儿童 150B/免费；⏲周三至周日 9:00~16:00；Ⓟ），内有2400件展品，包括2米高的铸铜佛头和在玛哈泰寺和拉差不拉纳寺（Wat Ratburana）的地下室里发现的黄金珍宝。

班霍兰达

这座**机构**（Baan Hollanda, บ้านฮอลันดา; ☎035245683; www.baanhollanda.org; Soi Khan Rua, Mu 4; 50B; ⏲周三至周日 9:00~17:00; Ⓟ）位于一座明亮且打理的井井有条的"荷兰屋"内，里面有关于泰国与荷兰历史的精彩展览，旁边就是有几百年历史的荷兰建筑地基。1604年荷兰东印度公司抵达大城，并在大城设立了贸易站，希望把泰国（当时的暹罗）作为通往中国的关口。

★ 独家贴士

- 尽管曼谷和大城之间有公共汽车和火车，不过中巴车是来这里最快也最高效的方式。

✕ 吃喝落脚点

- 尝一尝大城的特色菜——gǒo·ay děe·o reu·a，也被称为"船面"，这么叫是因为这些面条曾经是在船上贩卖的。可以在**Lung Lek**（Th Chee Kun; 主菜 30~50B; ⏲8:30~16:00）吃到，就位于历史公园的拉差不拉纳寺（Wat Ratburana）对面，位置很便利。

生存指南

BTS轻轨，见168页 TAMANKUNG/SHUTTERSTOCK ©

出发前

预订住宿

- 除了那些稍小的精品酒店，曼谷有很多酒店基本上不需要提前预订。
- 最便宜的旅舍和客栈通常共享洗手间，甚至不一定提供毛巾。
- 有些便宜的住宿依然使用风扇降温，宿舍只有在特定时段才开空调。
- 即便提供早餐，曼谷大多数旅舍和廉价酒店的早饭也只是速溶咖啡和烤面包。
- Wi-Fi基本上很普遍，不过空调和电梯则不一定哪里都有。
- 更周到的高端酒店有各种特色设施，例如主卧洗手间、电脑和免费无线网络；不过在其他地方，为Wi-Fi支付额外费用并不罕见。
- 在曼谷的顶级酒店里游泳池几乎是标配，更不用说健身房、商务中心、餐厅和酒吧了。

最佳经济型住宿

Lub*d（www.lubd.com）在曼谷市中心有两家分店，拥有青年旅舍气质。

Chern（www.chernbangkok.com）在同等价位下，这里的宿舍与房间出奇的精致。

S-Box（www.sboxhotel.com）现代感十足的经济住宿。

Niras Bangkoc（www.nirasbangkoc.com）老派的宿舍式房间。

最佳舒适型住宿

Smile Society（www.smilesocietyhostel.com）这座温馨的避风港位于曼谷金融区中心。

Feung Nakorn Balcony（www.feungnakorn.com）这家可爱的中档住所原先是个学校。

Tints of Blue（www.tintsofblue.com）花钱不多，魅力不小。

Lamphu Treehouse（www.lamphutreehotel.com）别看名叫树屋（Treehouse），这家迷人的中档酒店其实蛮脚踏实地的。

最佳高端住宿

Metropolitan by COMO（www.comohotels.com/metropolitanbangkok）这里有属于都市的精致感和一流的就餐。

曼谷文华东方酒店（Mandarin Oriental; www.man

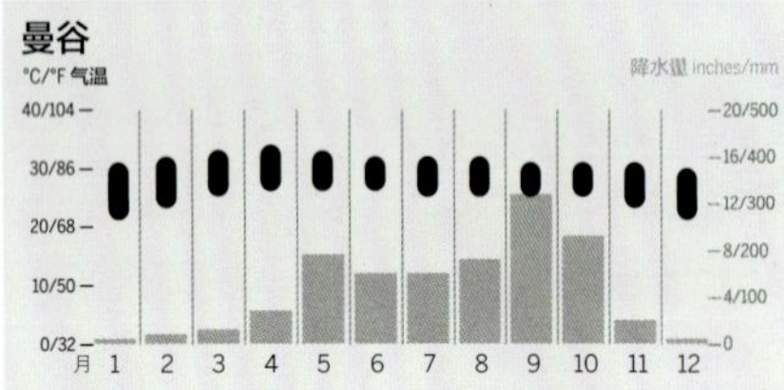

何时去

- **冬季（12月底至1月初）**这时既是曼谷一年当中最凉爽的时候，也是旅游旺季。可以考虑11月或者2月去，这时既凉快，又没那么多人。
- **湿季（5月至10月）**在季风期间，曼谷每个月降水最多可达300毫米。好在倾盆大雨通常持续时间很短，旅游人数也很少。

darinoriental.com/luxury-hotel/bangkok）曼谷最古老的酒店，同时也是最棒的酒店之一。

曼谷半岛酒店（Peninsula Hotel; www.bangkok.peninsula.com）服务标准极高。

AriyasomVilla（www.ariyasom.com）这里由一座20世纪40年代别墅精心翻新而成，是曼谷人尽皆知的私密酒店。

网络资源

Agoda（www.agoda.com/city/bangkok-th.html）主营亚洲酒店预订，保证最低价。

Lonely Planet（www.lonelyplanet.com/thailand/bangkok/hotels）可以查看评价、预订酒店。

Travelfish（www.travelfish.org/country/thailand）提供很多用户反馈的独立网站。

抵达曼谷后

中国大部分大中城市都有直飞曼谷的航班。

素万那普国际机场

素万那普国际机场（Suvarnabhumi International Airport; ☎02 132 1888; www.suvarnabhumiairport.com）位于曼谷以东30公里处，于2006年开始运营国内外商业航线。机场名字的发音为sù·wan·ná·poom，航空代码为BKK。机场网站可查询到达和出发的实时信息。

廊曼国际机场

曼谷的另一个机场**廊曼国际机场**（Don Mueang International Airport; ☎02 535 2111; www.donmueangairportthai.com）位于曼谷市中心以北25公里处。2006年时停用，之后作为曼谷事实上的廉价航空和国内航班枢纽重新开启。1号航站楼用于国际航班，2号航站楼则是国内航班。

华南蓬火车站

华南蓬火车站（Hualamphong; ☎02 220 4334，电话服务中心1690; www.railway.co.th; 紧邻Th Phra Ram IV; Ⓜ Hua Lamphong地铁站2出口）是曼谷的主火车站，建议你无视那些兜售商品的小贩，避开旅行中介。欲知详情请访问泰国国家铁路（State Railway of Thailand）官网（www.railway.co.th/main/index_en.html）。

北部和东北部汽车总站

北部和东北部汽车总站（Northern & Northeastern Bus Terminal, Mo Chit; ☎东北线02 936 2852，分机号602/605，北线02 936 2841，分机号325/614; Th Kamphaeng Phet; Ⓜ Kamphaeng Phet地铁站1出口，转乘出租车; Ⓢ Mo Chit BTS轻轨站3出口，转乘出租车）位于加都加公园的北边，这座忙碌的汽车站一般被叫作kǒnsòngmǒrchít（Mo Chit汽车站）——但不要把它和Mo Chit BTS轻轨站弄混了。这里有发往北部和东北部所有地点的长途汽车，还有车开往国外站点，包括巴色（Pakse，老挝）、金边（柬埔寨）、暹粒（柬埔寨）和万象（老挝）。若要来这里，可以搭乘BTS轻轨至Mo Chit或者搭乘地铁至Kamphaeng Phet，然后转乘3路、77路或509路公共汽车，也可以搭乘出租车或者摩的。

东部汽车总站

东部汽车总站(Eastern Bus Terminal; ☎02 391 2504; Soi40, Th Sukhumvit; Ⓢ Ekkamai BTS轻轨站2出口)有发往芭堤雅(Pattaya)、罗勇(Rayong)、尖竹汶(Chanthaburi)以及东边各地的长途汽车，但没有车去亚兰(Aranya Prathet)。大部分人把这个汽车站叫作sà·tǎh·neeèk·gà·mai(Ekamai汽车站)。车站距离Ekkamai BTS轻轨站很近。

南部汽车总站

南部汽车总站(Southern Bus Terminal, Sai Tai Mai; ☎02 422 4444，电话服务中心1490; Th Boromaratcha chonanee)位于曼谷市区的西边，距离市中心非常遥远。经常被人们称之为sǎiđâimài。除了曼谷南部的所有路线外，这里也有发往北碧(Kanchanaburi)以及泰国西部的汽车。来这里最方便的办法是搭乘出租车，或者在Th Ratchadamnoen Klang搭乘79路、159路、201路或516路公共汽车。

当地交通

BTS轻轨和地铁

- 架在高空中的**轻轨**(BTS; ☎02 617 6000; 旅游信息02 617 7341; www.bts.co.th)被当地人俗称为天铁(Skytrain，发音为rótfaifáh)，快速带你穿越“新”曼谷(是隆、素坤逸和暹罗广场)。两条线的换乘站是暹罗站(Siam station)，列车从6:00运行至23:45，班次频繁。车费16~44B，或者可以花140B购买全日不限次数的车票。多数的售票机只接受硬币，可以先到咨询台将钞票换成硬币。

- 曼谷的**地铁**(MRT; ☎02 354 2000; www.bangkokmetro.co.th)又称Metro，对于居住在素坤逸或者是隆地区的人们来说，是一个抵达华南蓬火车站的方便选择。车费16~42B，全日不限次数的车票为120B。列车班次频繁，运行时间从早上6:00至午夜。

出租车

- 尽管第一次来这里的乘客对于乘坐出租车都心怀疑虑，但总的来说，曼谷的出租车很新也很宽敞，司机热情而礼貌，是出行的好选择。

- 所有出租车都要求使用计价器，起步费35B，到曼谷中心大多数地方的价格都在60~90B，高速公路过路费25~70B，取决于你从哪里开始乘坐，过路费要由乘客支付。

- **Taxi Radio**(☎1681; www.taxiradio.co.th)和其他24小时电话叫车服务都需另付费20B。

- 如果你在出租车上落下什么东西，若想找回(虽然希望渺茫)请拨打☎1644。

船

河流路线

- **湄南河快船**(Chao Phraya Express Boat; ☎02 623 6001; www.chaophrayaexpressboat.com)是湄南河上主要的渡船服务。主码头的叫法不一，通常被叫作Tha Sathon或Saphan Taksin，有时也被称为中心码头(Central Pier)。这里可以直接衔接到

Saphan Taksin BTS轻轨站。

o船在6:00~20:00运营。你可以在码头或在船上买票（票价10~40B不等），一定要拿好你的船票，这是唯一的凭证（偶尔会查票）。

o最常见的船只是橙旗快船（orange flagged express）。他们运行的线路从曼谷南边的Wat Rajsingkorn到北边的Nonthaburi，在大多数码头停靠（15B，6:00~19:00，班次频繁）。

o蓝旗的旅游船（40B，9:30~17:00每30分钟1班）从Sathon/Central Pier开往Phra Athit/Banglamphu Pier，经停8个主要的观光码头，播放几乎听不懂的英语解说。Sathon/Central Pier有商贩推销150B的全天通票，不过除非你要多次乘船，否则并不划算。

o还有几十艘过河渡船，会收3B船费，每几分钟发1班船，直到深夜。

o在Phra Athit/Banglamphu Pier、Chang Pier、Tien Pier和Oriental Pier可以租用私人长尾船观光。

运河路线

o运河出租船沿着Khlong Saen Saep行驶［从邦兰普到兰甘亨（Ramkhamhaeng）］，从邦兰普往返吉姆·汤普森故居、暹罗广场购物中心（这两个地方都是在Sapan Hua Chang Pier下船）以及其他素坤逸东部的地方很是方便，只需要在Pratunam Pier换一次船就可以了。

o一般人们上下班通勤会乘坐这些船，这些船靠岸只停留几秒钟，所以船一靠岸就直接跳上船，否则就赶不上了。

o船票价格一般是9~19B，运行时间是周一至周五的5:30~19:15，周六的6:00~18:30，周日的6:00~18:00。

摩的

o摩的（当地人称motorsai）在曼谷主要起到两个作用，最常见也是最被广为接受的作用是，作为组成公共交通网的一部分，覆盖了从主干道（比如素坤逸大街）的角落到主干道外的小巷尽头的范围。摩的司机们穿着彩色、带编号的背心聚集在街头巷尾，价格介于10~20B（除非你要求，否则不提供头盔）。

o他们的另一个作用则是避免堵车，只要你告诉司机你想去哪儿，讲好价格（短途20B，穿越全城约150B），戴好头盔（长途的话司机会坚持让你戴头盔）后，你就默默祈祷吧。

突突车

o突突车（Túk-túk，念做đúk đúk；一种机动三轮车）独具泰国特色，当泰国人觉得这点距离不值得花费出租车起步价，便会搭乘这种交通工具。不过对外国人来说，这种会诱发肺气肿的机器是泰国体验的一部分，所以尽管这些司机会狠狠宰客，尽管由于低矮的顶棚你什么都看不到，但基本上所有人都至少乘坐过一次突突车。

o突突车因为“抄近道”而恶名远扬，师傅们为了回扣一路带着你去珠宝店、丝绸店和按摩院。去那些“特殊”寺庙的沿途，你还会遇到“好心”的当地人带你去更黑的店。无视任何司机向你提议只花20B的“天上掉馅饼”之旅。

o绝大多数突突车司机都

会向游客狮子大开口。就算是很短的距离，也要做好花费100B（甚至更多）的心理准备。争取短途砍到60B，如果是晚上就更好了，这时候污染（应该）不会太严重。当你下车后，你就会发现，出租车更便宜，更干净，更凉快，也更安静。

公共汽车

- 曼谷公共汽车的运营者是**曼谷大众交通管理局**（Bangkok Mass Transit Authority；☎022460973，电话服务中心1348；www.bmta.co.th）。
- 因为行车路线往往不够清楚，再加上曼谷的出租车特别划算，只有特别精打细算的人才会把公共汽车作为在曼谷出行的交通工具。
- 空调车的票价在10~23B之间，带风扇的公共汽车票价是6.5B起。
- 大多数公共汽车运营时间是从5点至20点或者23点，“夜班”公共汽车则从凌晨3点或者4点一直开到上午10点左右。
- 你很可能需要一本由thinknet出品的《曼谷公共汽车指南》（*Bangkok Bus Guide*）。或者你可以在www.transitbangkok.com下载曼谷交通（Transit Bangkok）指南，涵盖所有市内公共交通，包括公共汽车、地铁、BTS轻轨和船。

实用信息

签证

- 中国公民可在泰国32个入境口岸申请赴泰落地签证，落地签有效期15天（包括入境当天）。由于申请落地签游客数量庞大，等候时间通常超过2小时。如行前在泰国驻华使领馆办妥签证，通关时间可节省很多。可登录泰王国驻华大使馆官网www.thaiembbeij.org/thaiembbeij/cn/thai-service/visa了解签证详情。

现金

货币

泰国的基本货币单位是泰铢（baht）。1泰铢包含100萨当（satang），不过你只有在7-ELEVEN才有机会用上这种钱。硬币发行的面值包括25萨当、50萨当、1B、2B、5B和10B。纸币发行的面值包括20B（绿色）、50B（蓝色）、100B（红色）、500B（紫色）以及1000B（米黄色）。

自动柜员机

泰国境内九成商户和几乎所有自动柜员机都可使用银联卡。可以直接从你自己的国内账户里提取现金（只能提取泰铢），自动柜员机在泰国分布广泛，当你需要大量现金时，它们绝对靠谱。大多数自动柜员机每天最多可以提取20,000B现金。

泰国的自动柜员机现在会收取200B的外汇交易费，还要算上货币转换损失的费用以及国内银行收取的手续费等。所以在离开家之前，对比一下各个银行，开立一个可以在境外免手续费取现的账户。

信用卡和借记卡

信用卡以及借记卡可以在部分商店、酒店和饭馆消费。最为广泛接受的是Visa和MasterCard。银联卡在泰国境内也被广泛接受。

出发前可联系你的银行，通知他们接下来的行程，这样账户就不会因为可疑的境外操作而被暂停使用。

信用卡、借记卡的挂失和报案，可以拨打各个银行的电话。

7-ELEVEN等便利店和部分商场，也接受支付宝和微信支付。

货币兑换

银行或私人货币兑换商提供最好的外汇兑换价格。在兑换泰铢时，美元是最为广泛接受的货币，英镑和欧元次之，人民币通常也被接受。多数银行对兑现的旅行支票收取佣金和税金。兑换柜台贴有当日汇率表。

小费

小费在泰国并不盛行，但如果有会很受感激。餐厅金额较高账单的找零算是个例外。如果一顿饭花费488B，而你付的是500B，一些泰国人会留下这12B的找零。五星级酒店的行李服务通常也需要付20B的小费。而在许多酒店餐厅或高级餐厅，账单已经加上了10%的服务费。

电源

Type A
220V/50Hz

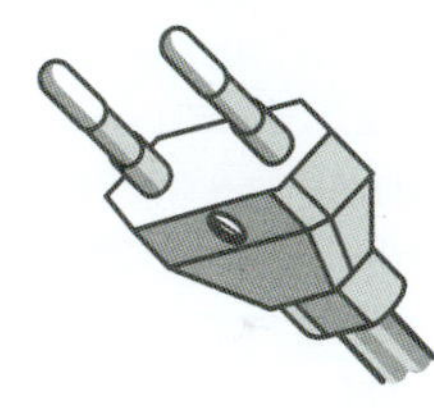

Type C
220V/50Hz

旅游信息

泰国旅游局（TAT；☎02 250 5500，全国统一1672；www.travelthailand.tourismthailand.org，1600 Th Phetchaburi；⏲8:30~16:30；Ⓜ Phetchaburi地铁站2出口）成立于1960年，运营官方的游客中心并负责各种推广服务，还制作了精致的宣传手册介绍景点。欲知更多信息，可以访问泰国国家旅游局中文官网（www.amazingthailand.org.cn）。

营业时间

银行和政府部门会在公共假期关门。有的酒吧和夜店会在选举日和一些禁止卖酒的节假日期间关门。购物中心内的银行关门较晚。

银行 8:30~15:30；自动柜员机24小时

酒吧 18:00至午夜或次日1:00

夜店 20:00至次日2:00

政府部门 周一至周五8:30~16:30；有的会在午餐时关门

餐馆 8:00~22:00

商店 10:00~19:00

要和不要

总的来说曼谷人非常善解人意、热情好客，但是有一些重要的禁忌和社会习俗需要注意。

君王 一定不要用轻佻的言语冒犯王室。对待饰有国王画像的物品（如钱币）要心怀敬意。

寺庙 要穿着能遮住膝盖和手肘的服装。进入庙宇时要脱鞋。坐下时要将双脚盘在身后，以避免脚底对着佛像。女性一定不要触碰僧侣及其随身物品，在路上要避让僧侣，乘坐公共交通工具也不要和他们坐在一起。

保持颜面 永远不要和泰国人争吵。在社会上遇到任何摩擦，最好的办法就是报以微笑。

节假日

政府部门和银行在以下节假日不办公。关于泰历农历（泰国农历和傣族农历相同，一般比中国农历早三个月）节日的具体日期，请参阅泰国旅游局（Tourism Authority of Thailand）网站的活动与节庆（Events & Festivals）页面（www.tourismthailand.org/see-do/event-festival）。

1月1日 新年

2月（具体日期不定）万佛节，佛教节日

4月6日 查克里王朝开国纪念日，纪念查克里王朝的创建者拉玛一世

4月13日至15日 宋干节，泰国传统新年和泼水节

5月1日 劳动节

5月5日 加冕日，纪念1950年普密蓬国王和王后的加冕

5月/6月（具体日期不定）卫塞节，佛教节日

7月/8月（具体日期不定）守夏节，佛教斋戒期首日

7月28日 玛哈·哇集拉隆功生日

8月12日 王太后诞辰日/母亲节

10月23日 五世王（朱拉隆功）纪念日

12月5日 普密蓬国王诞辰日/父亲节

12月10日 宪法纪念日

12月31日 新年前夕

紧急情况

- 警方联系电话是☎191，同时也是泰国实际上的通用紧急号码，这个号码同样可以用来呼叫救护车或火警。
- 处理绝大多数需要警察介入的事情（通常是被宰或者被盗），最好方式是联系**旅游警察**（tourist police，☎全国统一1155），这些人经常与外国人打交道，如果你被捕，这些人能提供很多帮助。

电话

手机

在泰国打电话最方便的方法是有一部带当地SIM卡的手机。买一张预付SIM卡就像找一家

7-ELEVEN便利店一样简单。SIM卡包含可通话时间和流量套餐，若想充钱就购买可充值的卡。

泰国使用GSM网络，移动手机供应商包括AIS公司（12Call）、DTAC公司以及TrueMove公司。这些运营商都有4G网络。根据网络升级和容量差别，不同运营商的覆盖率和质量每年都在变化。运营商通常还会根据使用量而推荐相应的通话流量套餐。

主要的网络供应商：

AIS（12 Call; www.ais.co.th/12call/th）

DTAC（www.dtac.co.th）

True Move（www.truemove.com）

中国游客可以办理当地电话卡，或者使用开通国际漫游的国内手机，临行前可在国内咨询相关运营商的优惠套餐，如中国移动推出的"一带一路多国流量包"等。

拨打国际和国内电话

如果你想在泰国拨打国际长途，首先拨打国际代码，然后拨打国家代码，之后是对方的电话号码。例如，从泰国拨打中国的电话：001/007+86（不加区号第一个0）+电话号码。

在泰国，国际接入代码多种多样，每种代码每分钟收费也不尽相同。标准直拨前缀是001。它由泰国通信管理局（CAT）运营，被认为具备最佳音质，能与绝大多数国家相连，但也是价格最高的。007次之，这一前缀由泰国电信运营商TOT运作，质量可靠，价格较泰国通信管理局也稍低一些。其他运营商提供相对价廉的前缀，可网上搜索一下促销的代码。

拨打100，可通过接线员转接拨打国际长途或受话人付费（对方付费）电话。

拨打泰国境内所有的电话号码应先拨0，然后加上地区号码，接着拨打对方号码。只有当你在泰国境外拨打泰国号码时才不用先拨0。

实用号码

泰国国家代码 ☎66

曼谷城市代码 ☎02

人工转接国际长途 ☎100

当地免费查号服务 ☎1133

厕所

蹲便器在泰国正逐渐消失，偶见于乡村、郡县的公交站、老式建筑和小饭馆。坐便器越发普遍，尤其是外国游客经常出现的地方。

如果碰到蹲便器，冲水时可用塑料碗从旁边的水盆里舀水导入便器中。有些地方在门口会有小包厕纸出售（5B），如果没有就只能靠自己带或按传统方法，用水冲洗。

但是，即使安装了坐便器，下水系统也很有可能无法处理厕纸。你可以将用过的厕纸或女性卫生用品扔到旁边的废纸篓里。一些现代化的厕所也安装了小喷水管——泰国版的坐浴盆。

旅行安全

珠宝骗局 我们求你了——如果你不是珠宝商人，那就不要在泰国买尚未镶嵌的宝石。完毕。

今天关门 无视任何"友善"的当地人对你说某景点因为某个佛教节日或打扫卫生而不开放。

只要20B的突突车 这些所谓的"游览"绕过景

点，带你去随时都有可能跑路的宝石店和裁缝店，他们好吃回扣。

出租车司机开价 淡定地拒绝任何司机的开价，这些价格通常比合理的打表贵三倍。

友善的陌生人 要小心打扮时髦的人接近你，问你从哪里来，要到哪里去。

中国驻泰王国大使馆 [☎85 483 3327(领事保护，24小时值班手机)；www.chinaembassy.or.th/chn；57 Ratchadaphisek Road，Bangkok 10400，Thailand]

残障旅行者

行动不便的残障人士在泰国生活多有不便。高高的马路牙子、不平整的人行道和飞驶的车流，为残障人士在泰国的出行制造了重重困难。在曼谷，许多马路只能经由楼梯陡峭的过街天桥通过。公交车和船只为乘客留下的上车或上船时间，即便对于强壮健康的人而言也很紧张。供轮椅行走的斜坡或相关设施寥寥无几。

许多昂贵高端的酒店一直在设计上追求为残障人士提供方便。一些员工顾客比率高的奢华酒店也善于照顾残障人士，并为其提供帮助，弥补酒店在设计之初的失败。至于其他的酒店，你基本上只有靠自己了。

可以从http://lptravel.to/AccessibleTravel下载Lonely Planet免费的《无障碍旅行指南》。以下一些组织和出版公司也可以提供相关的旅行建议：

Accessible Journeys（www.disabilitytravel.com）

Asia Pacific Development Centre on Disability（www.apcdfoundation.org）

Mobility International USA（www.miusa.org）

Society for Accessible Travel & Hospitality（www.sath.org）

Wheelchair Holidays @ Thailand（www.wheelchairtours.com）

语 言

泰语中单音节的意思可能会根据不同的音调有所变化。在标准泰语中有五种音调：低音（比如bàht——泰铢）、中音（比如dee——好的）、降调（比如mâi——不/不是）、高音（比如máh——马）和升调（比如sǎhm——三）。这五个音调的范围与说话者本人的音域有关，所以泰语里没有固定的音高。

将发音指南以英文的发音规则念出，别人便能听懂你说话。连字符表示音节中断；有些音节还用点分开来帮助你发出复杂的元音，如mêu·a-rai（何时）。请注意，**ƅ**是"p"的浊化，几乎和"b"的发音一样，如在"hip-bag"中的发音；**đ**是"t"的浊化，像比较干脆的"d"的发音，如"mid-tone"中的发音；**ng**与"singing"中的"ng"发音一样，但在泰语中可能出现在一个单词的开头；**r**与"run"中的"r"音相同，但是含有颚音，在日常会话中常发成"l"的音。

如需购买一本常用语手册提升你的旅行体验，可浏览**lonelyplanet.com**。通过苹果App store可下载Lonely Planet iPhone版常用语手册。

基本用语

你好。	สวัสดี	*sà-wà-dee*
再见。	ลาก่อน	*lah gòrn*
是。/不是。	ใช่/ไม่	*châi/mâi*
请。	ขอ	*kŏr*
谢谢你。	ขอบคุณ	*kòrp kun*
不用谢。	ยินดี	*yin dee*
抱歉，打扰了。	ขออภัย	*kŏr à-pai*
对不起。	ขอโทษ	*kŏr tôht*

你好吗？

สบายดีไหม *sà-bai dee măi*

我很好，你呢？

สบายดีครับ/ค่า แล้วคุณล่ะ *sà-bai dee kráp/kâ láa·ou kun lâ (m/f)*

你说英语吗？

คุณพูดภาษาอังกฤษได้ไหม *kun pôot pah-săh ang-grìt dâi măi*

我不明白。

ผม/ดิฉันไม่เข้าใจ *pŏm/dì-chăn mâi kôw jai (m/f)*

餐饮

我想要（菜单）

ขอ (รายการอาหาร) หน่อย *kŏr (rai gahn ah-hăhn) nòy*

我不吃……

ผม/ดิฉันไม่กิน ... *pŏm/dì-chăn mâi gin ... (m/f)*

鸡蛋	ไข่	*kài*
鱼	ปลา	*ƅlah*
牛羊肉	เนื้อแดง	*néu·a daang*
坚果	ถั่ว	*òo·a*

真好吃!
อร่อยมาก à-ròy mâhk

干杯!
ไชโย chai-yoh

请把账单拿来。
ขอบิลหน่อย kŏr bin nòy

咖啡馆	ร้านกาแฟ	ráhn gah-faa
市场	ตลาด	đà-làh

餐厅
ร้านอาหาร ráhn ah-hăhn

素食的，素食者
เจ jair

肉类和鱼类

牛肉	เนื้อ	néu·a
肌肉	ไก่	gài
蟹	ปู	ƀoo
鸭	เป็ด	ƀè
鱼	ปลา	ƀlah
肉	เนื้อ	néu·a
猪肉	หมู	mŏo
鱿鱼	ปลาหมึก	ƀlahmèuk

海鲜
อาหารทะเล ah-hăhn tá-lair

水果和蔬菜

香蕉	กล้วย	glôo·ay
豆类	ถั่ว	òo·a
椰子	มะพร้าว	má-prów
茄子	มะเขือ	má-kĕu·a
水果	ผลไม้	pŏn-lá-mái
番石榴	ฝรั่ง	fa-ràng
柠檬	มะนาว	má-now
芒果	มะม่วง	má-môo·ang
山竹	มังคุด	mang-kú
蘑菇	เห็ด	hè
坚果	ถั่ว	òo·a
木瓜	มะละกอ	má-lá-gor
土豆	มันฝรั่ง	man fa-ràng
红毛丹	เงาะ	ngó
罗望子	มะขาม	má-kăhm
番茄	มะเขือเทศ	má-kĕu·a têt
蔬菜	ผัก	pàk
西瓜	แตงโม	đaangmoh

饮品

啤酒	เบียร์	bee·a
咖啡	กาแฟ	gah-faa
牛奶	นมจืด	nom jèu
橙汁	น้ำส้ม	nám sôm
豆浆	น้ำเต้าหู้	nám đôw hôo
甘蔗汁	น้ำอ้อย	nám ôy
茶	ชา	chah
水	น้ำดื่ม	námdèum

其他

辣椒	พริก	prík
鸡蛋	ไข่	kài

鱼露	น้ำปลา	*nám ɓlah*
面条	เส้น	*sên*
胡椒	พริกไทย	*prík tai*
米饭	ข้าว	*kôw*
沙拉	ผักสด	*pàk sò*
盐	เกลือ	*gleu·a*
汤	น้ำซุป	*nám súp*
酱油	น้ำ ซีอิ้ว	*nám see-éw*
糖	น้ำตาล	*nám đahn*
豆腐	เต้าหู้	*đôw hôo*

购物

我想买……

อยากจะซื้อ ... *yàhk jà séu ...*

多少钱?

เท่าไร *tôw-rai*

太贵了。

แพงไป *paang ɓai*

能再便宜点吗?

ลดราคาได้ไหม *lót rah-kah dâi măi*

账单有误。

บิลใบนี้ผิด นะครับ/ค่ะ *bin bai née pìt ná kráp/kâ (m/f)*

紧急情况

救命!	ช่วยด้วย	*chôo·ay dôo·ay*
走开!	ไปให้พ้น	*ɓai hâi pón*

去找医生!

เรียกหมอหน่อย *rêe·ak mŏr nòy*

去找警察!

เรียกตำรวจ หน่อย *rêe·ak đam·ròo·at nòy*

我病了。

ผม/ดิฉัน ป่วย *pŏm/dì-chăn ɓòo·ay (m/f)*

我迷路了。

ผม/ดิฉัน หลงทาง *pŏm/dì-chăn lŏng tahng (m/f)*

洗手间在哪?

ห้องน้ำ อยู่ที่ไหน *hôrng nám yòo têe năi*

时间、日期和数字

几点了?

กี่โมงแล้ว *gèe mohng láa·ou*

上午	เช้า	*chów*
下午	บ่า	*bài*
晚上	เย็น	*yen*
昨天	เมื่อวาน	*mêu·awahn*
今天	วันนี้	*wan née*
明天	พรุ่งนี้	*prûng née*
星期一	วันจันทร์	*wan jan*
星期二	วันอังคาร	*wan ang-kahn*
星期三	วันพุธ	*wan pú*
星期四	วันพฤหัสฯ	*wan pá-réu-hàt*
星期五	วันศุกร	*wan sùk*

星期六	วันเสาร์	*wan sŏw*
星期日	วันอาทิตย์	*wan ah-tít*

1	หนึ่ง	*nèung*
2	สอง	*sŏrng*
3	สาม	*săhm*
4	สี่	*sèe*
5	ห้า	*hâh*
6	หก	*hòk*
7	เจ็ด	*jè*
8	แปด	*ɓàa*
9	เก้า	*gôw*
10	สิบ	*sìp*
20	ยี่สิบ	*yêe-sìp*
21	ยี่สิบเอ็ด	*yêe-sìp-è*
30	สามสิบ	*săhm-sìp*
40	สี่สิบ	*sèe-sìp*
50	ห้าสิบ	*hâh-sìp*
60	หกสิบ	*hòk-sìp*
70	เจ็ดสิบ	*jèt-sìp*
80	แปดสิบ	*ɓàat-sìp*
90	เก้าสิบ	*gôw-sìp*
100	หนึ่งร้อย	*nèung róy*
1000	หนึ่งพัน	*nèung pan*
1,000,000	หนึ่งล้านน	*nèung láhn*

交通和方位

……在哪？

... อยู่ที่ไหน *... yòo têe năi*

地址是什么？

ที่อยู่คืออะไร *têe yòo keu à-rai*

你能帮我（在地图上）指出来吗？

ให้ดู (ในแผนที่) ได้ไหม *hâi doo (nai păan têe) dâi măi*

左转/右转

เลี้ยวซ้าย/ขวา *lée·o sái/kwăh*

三轮车

สามล้ *săhm lór*

船	เรือ	*reu·a*
公共汽车	รถเมล์	*rót mair*
小汽车	รถเก๋ง	*rót gĕng*

摩托车

มอร์เตอร์ไซค์ *mor-đeu-sai*

出租车	รถแท็กซี่	*rót táak·sêe*
飞机	เครื่องบิน	*krêu·ang bin*
火车	รถไฟ	*rót fai*
突突车	ตุ๊ก ๆ	*đúk đúk*

第一班公共汽车什么时候到？

รถเมล์คันแรกมาเมื่อไร *rót mair kan râak mah mêu·a rai*

我想买一张（单程/往返）票。

ขอตั๋ว (เที่ยวเดียว/ไปกลับ). *kŏr đŏo·a (têe·o dee·o/ɓai glàp)*

几点到达……？

ถึง ... กี่โมง *tĕung ... gèe mohng*

在……停吗？

รถจอดที่ ... ไหม *rót jòrt têe ... măi*

我想在……下车。

ขอลงที่ ... *kŏr long têe ...*

语言

索引

可参考如下子索引：

就餐 见181页
饮品 见181页
娱乐 见182页
购物 见182页

景点 000
地图页码 **000**

索引

景点 000
地图页码 000

就餐

饮品

景点 000
地图页码 000

索引

幕后

说出你的想法

我们很重视旅行者的反馈——你的评价将鼓励我们前行，把书做得更好。我们同样热爱旅行的团队会认真阅读你的来信，无论表扬还是批评都很欢迎。虽然很难一一回复，但我们保证将你的反馈信息及时交到相关作者手中，使下一版更完美。我们也会在下一版特别鸣谢来信读者。

请把你的想法发送到 **china@lonelyplanet.com.au**，谢谢！

请注意：我们可能会将你的意见编辑、复制并整合到Lonely Planet的系列产品中，例如旅行指南、网站和数字产品。如果不希望书中出现自己的意见或不希望提及你的名字，请提前告知。请访问lonelyplanet.com/privacy了解我们的隐私政策。

声明

封面图片：曼谷市区的突突车，Evgeny Tchebotarev/500px。28~29页图片（从左边数）：Travelmania; Kriang Kan; Adumm76/Shutterstock。

本书部分地图由中国地图出版社提供，其他为原书地图，审图号GS（2018）5716号。

关于本书

这是Lonely Planet *Pocket Bangkok*的第6版。本书的作者为奥斯汀·布什，他也是之前两版的作者。

本书为中文第一版，由以下人员制作完成：

项目负责 关媛媛
项目执行 丁立松
翻译统筹 肖斌斌
翻　　译 陈　斌
内容策划 周伯源（本土化） 李　昕
视觉设计 李小棠　刘乐怡
协调调度 沈竹颖
责任编辑 孙经纬
特约编辑 刘蓓蕾
地图编辑 马　珊
制　　图 刘红艳
流　　程 孙经纬
终　　审 杨　帆
排　　版 北京梧桐影电脑科技有限公司

感谢白媛媛对本书的帮助。

我们的故事

一辆破旧的老汽车，一点点钱，一份冒险的感觉——1972年，当托尼（Tony Wheeler）和莫琳（Maureen Wheeler）夫妇踏上那趟决定他们人生的旅程时，这就是全部的行头。他们穿越欧亚大陆，历时数月到达澳大利亚。旅途结束时，风尘仆仆的两人灵机一闪，在厨房的餐桌上制作完成了他们的第一本旅行指南——《便宜走亚洲》（*Across Asia on the Cheap*）。仅仅一周时间，销量就达到了1500本。Lonely Planet从此诞生。

现在，Lonely Planet在富兰克林、伦敦、墨尔本、奥克兰、北京和德里都设有公司，有超过600名员工及作者。在中国，Lonely Planet 被称为"孤独星球"。我们恪守托尼的信条："一本好的旅行指南应该做好三件事：有用、有意义和有趣。"

我们的作者

奥斯汀·布什（Austin Bush）

奥斯汀于1999年首次来到泰国，参加清迈大学语言方面的研究。对城市生活的向往、谋求工作以及辛辣食物的诱惑等种种因素把他带到了曼谷，并最终使他留在了那里。如今，奥斯汀是一名自由撰稿人和摄影师，除了为众多书籍、杂志和网站供稿之外，他还为包括《曼谷》在内的20多本Lonely Planet图书贡献了文字和照片，比如：《美食书》（*The Food Book*）、《世界美食之旅》（*Food Lover's Guide to the World*）、《老挝》、《马来西亚、新加坡和文莱》、《缅甸》、《泰国》、《泰国岛屿和海滩》、《越南、柬埔寨、老挝和泰国北部》，以及《世界最佳街头美食》（*The World's Best Street Food*）。

曼 谷

中文第一版

书名原文：*Pocket Bangkok*（6th edition，Oct 2018）

本中文版由中国地图出版社出版

图书在版编目 (CIP) 数据

曼谷 / 澳大利亚 Lonely Planet 公司编；陈斌译
. -- 北京：中国地图出版社，2018.12
（口袋指南）
书名原文：Pocket Bangkok
ISBN 978-7-5204-0827-1

Ⅰ.①曼… Ⅱ.①澳… ②陈… Ⅲ.①旅游指南－曼谷 Ⅳ.①K933.69

中国版本图书馆 CIP 数据核字 (2018) 第 263638 号

出版发行	中国地图出版社
社　　址	北京市白纸坊西街 3 号
邮政编码	100054
网　　址	www.sinomaps.com
印　　刷	北京华联印刷有限公司
经　　销	新华书店
成品规格	106mm×153mm
印　　张	6.5
字　　数	227 千字
版　　次	2018 年 12 月第 1 版
印　　次	2018 年 12 月北京第 1 次印刷
定　　价	56.00 元
书　　号	ISBN 978-7-5204-0827-1
审 图 号	GS（2018）5716 号
图　　字	01-2018-5257

如有印装质量问题，请与我社发行部（010-83543956）联系